DIE MÄTRESSE DES KÖNIGS

Edelgard Abenstein

DIE MÄTRESSE DES KÖNIGS

Gräfin Lichtenau
alias Wilhelmine Encke

nicolai

Inhalt

Vorwort

Ein Leben wie ein Roman. Sie war ein schönes Kind, als der Thronfolger ein Auge auf sie warf und in ihr die Frau erkannte, die seine Geliebte werden würde, intelligent, tatendurstig, voller Anmut und Willenskraft. Er legte ihr eine Welt zu Füßen, die für die Trompeterstochter aus Dessau nicht vorgesehen war. Aus dieser Welt sollte sie sich allen Anfeindungen zum Trotz nicht mehr vertreiben lassen. Wilhelmine Encke, alias Madame Ritz, spätere Gräfin Lichtenau, war die große Liebe ihres Königs, die Lebensliebe Friedrich Wilhelms II. Fünf Kinder, von denen nur eines überlebte, gingen aus dieser Verbindung hervor, die mehr als dreißig Jahre andauerte, länger als je eine Geliebte sich als Favoritin an der Seite eines Königs zu behaupten vermochte.

Bewundert und gehasst gleichermaßen, fiel sie nach dessen Tod in Ungnade, wurde inhaftiert, all ihrer Güter beraubt, später rehabilitiert, heiratete einen sechsundzwanzig Jahre jüngeren Theaterdichter und verfasste ihre Rechtfertigungsschrift »gegen die Beschuldigungen mehrerer Schriftsteller«, ein einzigartiges Zeugnis der Selbstbehauptung.

Sie verfüge über die Gabe, »durch sich selbst nur schön und heiter zu sein, alles andere aber von dem Manne zu empfangen, der sie liebt, also dass sie von jedem Manne, der sie liebt, als Ideal angebetet wird, wie sein Spiegelbild«, soll Rahel Levin über Wilhelmine Encke gesagt habe. Aufsteigerin wie alle Mätressen, teilt sie diese Laufbahn zugleich mit den berühmten Jüdinnen der Berliner Gesellschaft, in deren Salons eine neue Zeit anbrach. Während diese zu Symbolgestalten weiblicher Intelligenz avancierten, haftet der Gräfin Lichtenau bis heute der Makel – bestenfalls – der Abenteurerin an. Verschwenderisch, berechnend, machtgierig sei sie gewesen. Ihr Bild ist bis heute umstellt von Legenden, Vorurteilen und Verleumdungen. Ähnlich dem, das sich die Nachwelt von ihrem Geliebten, Friedrich Wilhelm II. macht, dem mit nur elf Jahren die kürzeste Regierungszeit in der Geschichte der preußischen Monarchie zwischen 1701 und 1918 beschieden war – mit Ausnahme des

99-Tage-Kaisers, Friedrichs III. im Jahr 1888. Interessiert hat Friedrich Wilhelm II. bislang nur wegen seiner angeblich unseligen Charaktereigenschaften, die sich in seinem, wie es heißt, maßlosen Frauenkonsum zeigten und dem fatalen Hang zur Geisterseherei. Während er sich damit – in der Epoche Mesmers, der Hellseher und Magnetiseure – sehr zeitgemäß im Windschatten der Aufklärung und mit vielen in der besten Gesellschaft befand, ragt er auch mit seinen vermeintlich zahlreichen erotischen Affären im Zeitalter des Absolutismus selbst unter den deutschen Duodezfürsten nicht hervor. Genaugenommen weist der Leporello des Don Giovanni auf dem preußischen Königsthron nicht mehr auf als zwei reguläre Ehefrauen, zwei morganatische Nebenehen, ein paar kurze Liaisonen – und die große lebenslange Liebe zu Wilhelmine Encke. Die allerdings steht außer Konkurrenz und sucht ihresgleichen unter den fürstlichen Standesgenossen nicht nur im Heiligen Römischen Reich Deutscher Nation.

Erst seit knapp zehn Jahren erfährt Friedrich Wilhelm II., Monarch einer europäischen Umbruchzeit, seine Rehabilitierung, auch als Mäzen und Impulsgeber der Künste. Wilhelmine Encke aber, die in den dreißiger Jahren des letzten Jahrhunderts zum ersten (und letzten) Mal ernsthaft biografisch gewürdigt wurde, geistert noch immer als das »Königsliebchen« durch die gängige Berlinliteratur. Hartnäckig halten sich die Gerüchte, offenbar gefällt es hierzulande, von einer Mätresse – gierig nach Glanz, raffiniert, unersättlich, kalt – ein schwül schillerndes Bild zu zeichnen. Es scheint ganz so, als dauerte der unablässige Kampf, den die einzige Freundin ihres Königs seinerzeit gegen die Kabalen bei Hofe, gegen ihre Neider und Verleumder zu führen hatte, bis heute an. Dabei steht sie nicht nur in Bildung und Geschmack den meisten Mätressen und Ehefrauen europäischer Monarchen in keiner Weise nach. Sie war eine Frau mit klarem Verstand, die ihre Interessen zu verfolgen wusste, durchsetzungsfreudig auch in ihrem ästhetischen Urteil, mit der Fähigkeit, durch Talent und Geist zu bezaubern und voller Loyalität ihrem Geliebten gegenüber – eine Frau mit ganz unpreußischen Tugenden, mit Witz, Charme und Sinnenfreude.

Kapitel 1

Die Nymphe

Eigentlich ist sie immer zu früh gekommen.

Beinahe wäre sie ein Christkind geworden. Man zählte nur noch hundert Stunden bis Weihnachten, als sie an einem ungewöhnlich milden Wintertag zur Welt kam. Es war der 19. Dezember 1753. Vier Tage später, an einem Sonntag, wurde sie von einer veritablen Prinzessin über das Taufbecken gehalten. Als man ihr die Namen Diderica Wilhelmina Friderica Bernhardina gab, standen zwar keine Feen in der Schloss- und Stadtkirche zu St. Marien in Dessau, aber ihre Paten stammten durchweg aus den allerhöchsten Kreisen. Neben dem amtierenden Fürsten Dietrich waren dies dessen Neffe, der dreizehnjährige Erbprinz Leopold Friedrich Franz, der später Anhalt-Dessau mit seinem Wörlitzer Garten weltberühmt machen sollte, die Onkel Fürst Eugenius, die Reichsgrafen Leopold und Wilhelm zu Anhalt – und die Prinzessin Anna Wilhelmine. Sie betrieb für ihren ehelosen Bruder Dietrich die Hofhaltung im kleinen Fürstentum, zu der auch ein respektables Orchester gehörte. Dort beschäftigte sie den Vater der frischgeborenen Tochter als Waldhornisten.

Offenbar verfügte er neben einer besonderen Fertigkeit auf seinem Instrument auch über ein gewinnendes Wesen. Denn nicht bei allen Musikern spielte sie so bereitwillig die Rolle der Namenspatin. Noch ungewöhnlicher scheint die Gunstbezeugung der gesamten fürstlichen Familie, die freilich bei genauerer Betrachtung in ihrem Stammbaum eine Unregelmäßigkeit aufweist. Die Prinzessin und ihre Brüder waren Kinder der Liebe, in erster Generation entstammten sie einer handfesten Mesalliance Leopolds I. von Anhalt-Dessau mit Anna-Luise Föhse. Der »Alte Dessauer«, hatte erfolgreich alle dynastischen Regeln außer Kraft gesetzt, als er der Stimme seines Herzens gehorchend und gegen erbitterten familiären Widerstand die kleine Apothekerstocher geheiratet und drei Jahre später beim Kaiser sogar ihre Erhebung in den Stand einer Reichsfürstin erwirkt hatte.

Ein glückliches Omen für das Taufkind auf seinem Kissen. Wilhelmine wird man es später rufen.

Auch sein Vater, wenngleich nicht adliger Abkunft, gab ihr Erfreuliches mit auf den Weg. Johann Elias Encke stammte aus Hildburghausen in Thüringen, wo er, der Sohn eines einfachen Schuhmachermeisters, der es bis zum Rang eines fürstlichen Hofschusters gebracht hatte, in der dortigen Residenz eine musikalische Ausbildung machen durfte. Die Suche nach einer neuen Anstellung, Unternehmungslust und Abenteuergeist führten ihn nach mancherlei Umwegen in den Breisgau und zu seiner Ehefrau, Marie Susanne Schnetzer, einer gebürtigen Freiburgerin. In der dortigen Verwandtschaft gibt es einen Baron von Grechtler und ein Freiherrn von Bender, dessen Eltern noch Handwerker gewesen waren – »Nobilitäten« also, die Wilhelmine ausdrücklich als mütterliches Erbteil betonen wird, wie übrigens auch deren katholisches Bekenntnis, dem sie, obwohl evangelisch getauft, folgen wird.

Vom Süddeutschen aus waren die Enckes Anfang der fünfziger Jahre mit zwei Söhnen und einer Tochter nach Dessau gekommen. Und sie blieben hier, bis sich die Chance für einen Aufstieg bot. Ob die sich der Fürsprache der illustren Paten verdankte oder allein dem Ruf des Vaters als Musiker – jedenfalls erhielt er ein Angebot von der Hofkapelle des preußischen Königs. Friedrich II. hatte nach dem Ende des Siebenjährigen Krieges gerade damit begonnen, sein Orchester neu zusammenzustellen. Auch wenn die Entlohnung mager zu sein versprach, Elias Encke fühlte sich hochgeehrt, zu Recht, denn die Kunde von des Königs Lieblingsbeschäftigung, dem Musizieren, war weit über die Grenzen des Landes hinausgedrungen. In diesem Orchester spielen zu dürfen, kam einem Privileg gleich, und diese Chance zu ergreifen und festzuhalten, lag nahe, ebenso wie die eine oder andere damit aufkeimende ehrgeizige Hoffnung für die Zukunft der Kinder.

Als die Familie in die preußische Hauptstadt Berlin zog und sich in der Spandauer Straße niederließ, spürte man noch schmerzlich die Folgen des Krieges. Es herrschte Not, ein Drittel der Einwohner lebte von Almosen. Kein leichter Stand also für die Neuankömmlinge. Aber sich anzupassen hatten sie gelernt auf ihrem Weg durch das halbe deutsche Reich. Und wenn es ganz schlimm kommen sollte, half vielleicht die noble Verwandtschaft aus, die sich gewiss noch lebhaft ihrer einfachen Herkunft besann. Erst einmal jedoch packte man mit an. Ganz Berlin war damit beschäftigt, die Spuren der plündernden und brandschatzenden Truppen zu beseitigen, die Stadt wieder aufzuräumen, nachdem sie zweimal von feindlichen Soldaten, den Russen und den Österreichern, besetzt worden war. Für die Schäden hatte jeder Bewohner persönlich einzustehen, dafür einen Zuschuss von der Gesamtheit zu fordern sei nicht gebräuchlich, so der sparsame König ausgabenbewusst. Dennoch, es herrschte Aufbruchsstimmung.

Berühmte Besucher kamen, Giacomo Casanova und der schottische Schriftsteller James Boswell. Während der noch ein Jahr zuvor die adlige Gesellschaft in der preußischen Residenz mit »Todesfurcht, Sinnenlust und Weltschmerz« beschäftigt fand, zeigte er sich nun überrascht von der heiteren Stimmung, mit der ihn die Mutter des Thronfolgers empfing, als er seine Aufwartung machte. Er notierte, dass von der vormaligen Depression nichts mehr in der Stadt zu finden sei. Vielmehr sei allerorten eine erhöhte »Lebenslust« anzutreffen. In der Behrenstraße eröffnete das erste deutschsprachige Theater, und an der Königlichen Oper wurde der Spielbetrieb wieder aufgenommen. Dort hatte Wilhelmines älteste Schwester Christiane eine Beschäftigung gefunden, sie trat als Figurantin auf. Beneidenswert, denn wer es an das Haus Unter den Linden geschafft hatte, konnte in diesem neuen Beruf spielend sein Glück machen. Eine schöne Stimme, anmutige Bewegungen und ein angenehmes Äußeres reichten in ihrem Falle aus, um der Enge der Spandauer Vorstadt zu entfliehen. Obendrein winkte schon bald ein eigener Hausstand. Denn Christiane machte die Bekanntschaft eines unternehmungslustigen Herrn, des Grafen Matuschkyn, über dessen Herkunft niemand so recht Bescheid wusste. War er Pole, war er Russe? Auf jeden Fall besaß er Charme, und sie ging eine Liebschaft mit ihm ein. Mit allerlei Geschäftsideen mischte er sich in die soeben gegründete Königliche Zahlenlotterie ein, gab glanzvolle Feste an der Seite seiner schönen Geliebten und knüpfte undurchsichtige Verbindungen zu höchsten Adelskreisen.

Wilhelmine besuchte unterdessen die französische Schule, wo sie die Sprache und Handarbeiten lernte, und sie erhielt frühzeitig Tanzunterricht. Der Vater hatte die Absicht, sie ebenfalls in der Oper unterzubringen, was ihm, wie er hoffte, dank seiner Beziehungen nicht schwer fallen würde. Später waren Gerüchte über Wilhelmine im Umlauf, in denen erzählt wurde, sie hätte in diesen Jahren auf der Straße barfuß Zitronen, Äpfel und Schwefelhölzer feilgeboten. Noch nach vierzig Jahren empörte sie sich über diese Verleumdungen; weniger weil sie sich einer solchen Tatsache geschämt hätte – »liegt denn darin an sich etwas Schimpflicheres als mit Getreide« zu handeln, »was ja der ganze Landadel an jedem Markttage tut?« –, sondern weil dies alles in eine »Romanwelt« gehörte. Schließlich hatten sich die Verhältnisse im elterlichen Hause längst gebessert, nicht zuletzt dank einer jährlichen Rente aus der Schatulle des Grafen Matuschkyn und mehrmaliger Zuwendungen durch den reichen Onkel aus dem fernen Breisgau.

Oft besuchte Wilhelmine ihre Schwester, und manchmal durfte sie bis in den Abend bleiben: wenn zu den Assembléen in den Salons die Kerzen entzündet wurden, das Orchester seine Instrumente stimmte, Dienstboten die Tische mit fein bemaltem Porzellan deckten und mit silbernen Tabletts über die Treppen eilten. Hier gab es Erlebnisse zuhauf. Die große Welt verkehrte mit Vergnügen in der Mohrenstraße: Damen in wogenden Roben, Offiziere im roten Galarock des Garde du Corps, Damen, die unter dem Puder erröteten, verstohlene Blicke, hinter Fächern halb verborgen, ließen sich erhaschen, Wispern in verschwiegenen Nischen belauschen. Eine glänzende Gesellschaft, zu der auch der neunzehnjährige Thronfolger Preußens gehörte. Friedrich Wilhelm war ein Bild von einem Mann, hochgewachsen, die allermeisten überragend, schlaksig und – das rührte sie – ein wenig linkisch. Worüber sie sich wunderte: Er sprach Berliner Platt und Französisch, wild gemischt, und wünschte er eine kleine Handreichung, so sprach er den Domestiken nicht, wie üblich bei Herren seines Standes mit »Er« an, sondern, wie man es neuerdings vereinzelt hören konnte, mit »Sie«.

Frédéric Reclam, Friedrich Wilhelm als Thronfolger, um 1765

Eine Fama machte gerade die Runde. In den letzten Schlachten des vergangenen Krieges habe er eine solche Tapferkeit gezeigt, dass ihm sein Onkel, König Friedrich II., befehlen musste, aus der Feuerlinie zu gehen. Ein blendender Reiter sei er und ein leidenschaftlicher Jäger, der sich jedoch zu keiner dauernden Mühe bequemen wolle. Aber, so hieß es, er reize seinen königlichen Onkel mit seiner Neigung zu Liebeshändeln und Cellospiel.

Bei einer solchen Gelegenheit im Hause ihrer Schwester, Wilhelmine war gerade elf Jahre alt geworden, hob sie ihr schon etwas betagter Pate Graf von Anhalt huldvoll auf den Arm und sagte ausgerechnet zum Thronfolger, in dessen Entourage er sich gern aufhielt: »Ich empfehle diese Kleine Ihrer Gnade.« Worauf »der Kronprinz«, so berichtet sie selber, »mich auf den Arm nahm und versprach, wenn ich älter werden würde, für mich zu sorgen.«

Die eigentliche Begegnung aber fand zwei Jahre später statt, wieder im Haus Christianes, die in der Zwischenzeit ihren Grafen Matuschkyn mit königlicher Erlaubnis geheiratet hatte. Der Kronprinz war unterdessen ebenfalls verheiratet, aber unglücklich, denn der Onkel hatte ihm eine, nur der Staatsraison geschuldete Verbindung aufgenötigt. Die Frau, zu der er gezwungen wurde, Elisabeth von Braunschweig-Wolfenbüttel, nahm sich, wie er, die Freiheit, diese Ehe als das zu empfinden, was sie war – eine abgekartete Sache zwischen dem ältesten und dem jüngsten der deutschen Adelshäuser, den Welfen und den Hohenzollern. Und sie behauptete sich mit Lebenshunger und Sinnenfreude gegen jede höfische Etikette. Ungewöhnlich genug, beanspruchte sie die gleichen Rechte wie der Mann an ihrer Seite, sodass ihre Ehe zur größten Posse wurde, die im Haus der Hohenzollern je zur Aufführung kam. »Sie halten sich keinen Tag die Treue«, schrieb Friedrich II. fassungslos. Als sie eine Tochter gebar, die allen Männern des Hofes ähnlicher sah als ihrem Gemahl, leitete der König die Scheidung ein. Ein Bastard als künftiger Thronfolger? In Schwerin, wohin er die hübsche Elisabeth mit einer auskömmlichen Apanage verbannt hatte, führte sie ein recht geselliges Leben und erweckte die abgelegene Hafenstadt zu munterer Geschäftigkeit. Jeden Gast beschenkte sie mit freimütigen Erzählungen über ihre Potsdamer Sei-

Elisabeth von Braunschweig-Wolfenbüttel (1746–1840) war von 1765 bis 1769 mit dem preußischen Thronfolger in erster Ehe verheiratet. Gemälde von Johann Georg Ziesenis

tensprünge und Abenteuer, sodass die Damen der Berliner Gesellschaft, dort zu Besuch, peinlich berührt schienen. Auch wenn manch eine es sich insgeheim gewünscht haben mag – keine hätte es gewagt, *in eroticis* derart über die Stränge zu schlagen. Die selbstbewusste Welfin aber wurde 94 Jahre alt und überlebte alle Personen, die mit ihrem eigentümlichen Schicksal am Hofe in Verbindung standen.

Friedrich Wilhelm indes suchte sein eheliches Missgeschick zu vergessen. Im Theater, auf abendlichen Lustbarkeiten, und immer wieder im Haus der Gräfin Matuschkyn, die ihre Rolle als Gastgeberin mit Charme und Grazie spielte. Da begab sich eines Abends ein sonderbarer Zufall, der erst im nachhinein seine ganze schicksalhafte Kraft enthüllen wird. Unumkehrbar stellte er die Weichen für ein ganzes Leben. Für zwei ganze Leben. Der Prinz betritt den Raum, als ihm – unversehens bleibt er stehen – ein junges Mädchen schluchzend in die Arme läuft. Er fängt sie auf, drückt sie an sich, tröstet sie, die noch immer fassungslos von einer ganz und gar ungerechten Ohrfeige stammelt, die die Schwester ihr gegeben hätte. Es ist Wilhelmine, und während er ihr die Tränen von den Wangen tupft, beruhigt sie sich allmählich und lässt sich, noch immer ein wenig grollend, von ihm nach Hause begleiten.

Von da an besucht er sie häufiger, er macht den Eltern seine Aufwartung – man hat ein Thema, die Musik – und er schickt ihr Madame Girard, seine Französischlehrerin zum Unterricht, erkundigt sich nach dessen Fortschritten und erprobt die neuen Vokabeln regelmäßig in einer »conversation galante«. Eine Weile glaubt er, es sei das Wohlwollen eines Gönners, das ihn in das Haus der Enckes führt. Vier Meilen legt er dafür zurück, in einen weiten Umhang gehüllt, den Hut tief in die Stirn gezogen, sich immer beeilend, um vor Mitternacht wieder in Potsdam zu sein – nur um an einem Tisch zu sitzen und mit einem Mädchen über Inseln zu sprechen und darüber, wie sich Erde und Wasser vermählen und wie man es anstellt, um auf einem Streichinstrument zwei verschiedene Saiten gleich zu stimmen. Trotz ihrer Jugend, sie scheint ihn zu verstehen. Dabei zweifelte er doch immer an seiner Gabe sich auszudrücken. Da umwirbt er sie längst und versucht, sie zu gewinnen. – Ein junger Mann, schön, mit guten Manieren, liebenswürdig, musisch und empfindsam. Wer hätte widerstehen können und aus welchem Grund? Es gab kein größeres Glück. Er liebte sie. Ein Prinz, der eines Tages König würde, liebte eine kleine Musikantentochter aus Dessau.

Träumten nicht alle von einem Prinzen – die Figurantin an der Oper, die Gräfin im Schloss Monbijou oder im fernen Dessau, die Ballerina oder ganz gewiss die Zitronenverkäuferin auf dem Gendarmenmarkt? Wer in all diese Herzen blickte, läse wie in einem bunten Kaleidoskop wilde Traumbilder von einem Leben in Schönheit, Reichtum, Sorglosigkeit und Anmut – und von ausgelassenster Sinnenfreude. Zugeben allerdings, das wusste auch Wilhelmine, mochte es keine. Lieber verteidigten sie eine sonderbare Tugend wie die Geldwechsler im Tempel ihr armseliges Häufchen Münzen.

»Gern erlaube ich einem Jeden und einer Jeden, die ganz rein sind und in gleichen Umständen widerstanden hätten, auf mich den Stein zu werfen; denn ich bekenne mich sehr gern noch in diesem Augenblicke als Mitglied einer unvollkommenen und mangelhaften Welt«, schrieb Wilhelmine später über die erste Zeit mit ihrem Prinzen, fein ironisch mit dem biblischen Bild der Magdalena spielend, die bekanntlich weniger das Volk auf ihrer Seite hatte als ausgerechnet denjenigen, der, die Sünde missbilligend, der Welt ihre Schwäche immer nachsah.

Noch aber gab es keinen Anlass zurückzublicken. Dafür jede Menge Gründe, sich tatendurstig der Zukunft zu stellen. Wilhelmine Encke, auch wenn sie es nicht ahnte, schickte sich an, in die Geschichte einzutreten.

Was ihr zugefallen ist wie ein Geschenk, packt sie mit beiden Händen. Sie wird es nicht mehr loslassen. Nie mehr. Erst einmal aber schnürt sie ihr Bündel, um nach Potsdam umzuziehen.

KAPITEL 2

Pygmalion

Zwei Negerhermen stützen den Mittelbalkon, die Tür in chinesisch-gotischem Stil könnte sich zu einer Pagode zu öffnen und führt doch nur in ein enges märkisches Treppenhaus. Mehr Schmuck gibt es nicht an der schmal bemessenen Residenz des Kronprinzen.

Das fiel auch einem Engländer auf, der in dem »kleinen Hause« zu Gast und überaus befremdet war, erleben zu müssen, dass die Einkünfte des Prinzen ihm nicht gestatteten, jenen Grad von Glanz zu entfalten, den man bei einem Erben der Krone erwartete. Tatsächlich – von Glanz und Pracht konnte keine Rede sein. Als Friedrich Wilhelm sich 1764 verlobte, dachte Friedrich II. gar nicht daran, dem Neffen in einem seiner Schlösser Platz zu machen. Stattdessen ließ er ihm eine Doppelhaushälfte in einem der Neubauten Potsdams zuweisen, die auf die Belange eines Hofbeamten zugeschnitten waren: das Kabinettshaus am Neuen Markt 1. Dort lebte er dann, etwas beengt, mehr als zwanzig Jahre, mit seiner ersten sowie seiner zweiten Ehefrau, bis zu seiner Thronbesteigung. Der königliche Onkel hielt ihn auch sonst äußerst knapp. Anfänglich nur mit einem Taschengeld von 60 Talern ausgestattet, bezog er zwar mit dem Eintritt in den Stand der Ehe Einnahmen aus den Gütern Wusterhausen und Falkenhagen, aber die flossen zumeist so spärlich, »dass wir uns«, so des Prinzen Hofmeister von Arnstedt kummervoll in einem Bericht von 1785, »in voller Verlegenheit befinden«. Das war ein Jahr bevor Friedrich Wilhelm König von Preußen wurde. Und nicht nur einmal drohte ihm ein Kammerdiener: »Wenn ich diesen Monat nicht bezahlt werde, wende ich mich an den König«.

Den kargen Mitteln, die ihm zugebilligt wurden, entsprach der Umgangston, den der König mit Friedrich Wilhelm pflegte. Harsch, abschätzig, schneidend stellte er ihn häufig genug und bevorzugt vor anderen bloß. Ohnehin von misanthropischen Stimmungen geplagt, scheint er besonders dem Neffen gegenüber eine unausrottbare Abneigung verspürt zu haben. Verärgert hatte er feststellen müssen, dass der sich schon in jungen Jahren anschickte, in die Fußstapfen seines bereits 1758 verstorbenen Vaters zu treten und schöne Frauen zu verehren. Der achtzehnjährige Kronprinz unterhielt bereits etliche Affären mit verschiedenen Schauspielerinnen des Berliner Theaters, die natürlich auch dem König nicht verborgen geblieben waren. Doch darüber war er nicht nur aus moralischen Gründen verärgert. Sein Nachfolger hatte in erster Linie Soldat zu sein. Also war es nicht hinzunehmen, dass er sich durch Liebeleien von den ihm durch Staat und seinen Ratschluss auferlegten Pflichten ablenken ließ.

So hielt Friedrich II. ihn mit äußerster Strenge, die sogar ganz Unbeteiligten auffiel. »Man sieht den Prinzen von Preußen nicht oft in des Königs Gesellschaften, er steht wohl auch nicht in sonderlicher Gunst«, berichtete ein französischer Gast verdutzt nach Hause. Der Prinz hatte einen schweren Stand. Aus Notwehr erlernte er die Kunst der Verstellung. Kein Wunder, dass er sich zunehmend verschloss.

Nur eine war davon ausgenommen, die einzige. Und die lebte seit kurzem unerkannt beinahe an seiner Seite – Wilhelmine. Genau genommen, direkt um die Ecke auf den Marstall zu, in der Schlossstraße 9. Familie Encke war dorthin umgezogen. Das Hoforchester hatte sich am Aufenthaltsort des Königs zur Verfügung zu halten. Und der hieß immer häufiger Potsdam. Auch Friedrich Wilhelm wird an diesem Ortswechsel der Enckes nicht unbeteiligt gewesen sein. Da ihm eigentlich nicht erlaubt war, sich von seiner Residenz zu entfernen, wird ihm der tägliche Ritt bei Wind und Wetter über die dunklen Chausseen nach Berlin eine peinlich genaue Strategie der Geheimhaltung abverlangt haben. Das hatte nun ein Ende. Die Liebste war in seiner Nähe. Aber damit wuchs eine andere Gefahr. Die Spione des Königs hatten ihre Ohren überall. Zu oft war er von diesen Aufpassern schon überrascht und belauscht worden. Also musste er Wilhelmine in Sicherheit bringen. Noch war der Onkel ahnungslos. Wie lange würde das so bleiben? Ritt dieser doch täglich mit seinem bekannt scharfen Blick auf dem Weg zum Schloss an ihrem Haus vorbei.

Zum ersten Zufluchtsort wurde ein Anwesen vor dem Berliner Tor, nahe dem Heiligen See, wo der Prinz schon viele schöne Stunden verbracht hatte. Wie oft war er dort hinausgeritten, mit dem Kahn auf dem Kanal zu dieser weiten Wasserfläche gerudert, in die grünen Weinberge, zu den Gärten, die weithin bis ans Ufer reichten. Hier war sein Lieblingsplatz: Punschels kleines Landhaus, in dem an Sommerabenden Wein ausgeschenkt wurde. Man becherte in froher Runde, und wenn die letzten Offiziere davongeschwärmt waren, wurde es zu einem verwunschenen Ort, hier war er frei und unbeschwert. Manche Nacht war er hier geblieben, denn unbemerkt konnte man über kleine Wege zurück nach Potsdam gelangen. – Es ist derselbe Garten, den er noch als Kronprinz ankaufte, um später dorthin sein Schloss, das Marmorpalais zu stellen.

Vis-à-vis wohnte der Gärtner Johann Ritz mit seiner Ehefrau, verschwiegene und zuverlässige Leute. Denen wurde Wilhelmine nun anvertraut. Sie waren die Eltern des Hannes Ritz, der schon als zwölfjähriger Knabe dem Prinzen als Bote diente und von Anfang an in das große Liebesgeheimnis eingeweiht war. Hier brachte Wilhelmine ihre Tage zu zwischen Blumen, Federvieh, Gemüse und Obstbäumen, lernte die Gartenarbeit, was ihr später auf ihrem Anwesen in Charlottenburg und auf den Gütern in der Neumark zugute kam. Und hier wartete sie auf den Geliebten: Wilhelmine, so zärtlich, voller Temperament, so jung. Genauso jung wie Friedrich Wilhelm damals, als sie ihn zum Thronfolger gemacht hatten. Es war nach dem Tod des Vaters. Mit erst fünfunddreißig Jahren war August Wilhelm gestorben, aus Kummer, wie sie sagten, weil sein königlicher Bruder ihn verachtete. Das war nicht immer so. Friedrich hatte den um zehn Jahre Jüngeren lange allen anderen Geschwistern vorgezogen und, da er in seiner eigenen, damals schon zwölfjährigen Ehe weiterhin kinderlos zu bleiben wünschte, zu seinem Nachfolger bestimmt. Dann aber hat er ihm ein einmaliges Versagen auf militärischem Gebiet nicht verziehen, ihm vielmehr allein die Schuld an der Niederlage bei Kolin gegeben: »Sie werden stets nur ein erbärmlicher General sein. Kommandieren Sie einen Harem!«, hatte er gepoltert. Das galt August Wilhelms Neigung zu schönen Frauen. Gewiss, seine Gemahlin, ihm durch den königlichen Bruder aufgezwungen, hat er nicht geliebt, genauso wenig wie sein Sohn Friedrich Wilhelm die seine lieben kann. Zugetan war der Vater nur einer Einzigen, dem schönen Fräulein von Pannwitz, und die hat ihn nicht erhört, dreizehn Jahre lang – um ihrer Tugendhaftigkeit willen. Hatte er, Friedrich Wilhelm, nicht dessen schwärmerisches Wesen geerbt? Eine Eigenschaft, die den Vater zu dieser ergreifend verhängnisvollen Liebe führte und, als die Angebetete sich ihm in angeblicher Rücksicht auf das königliche Haus durch Heirat entzog, ihn bei deren Vermählung ob der unabweisbaren Erkenntnis über die Unerfüllbarkeit seiner Sehnsucht in eine tiefe Ohnmacht stürzen ließ. An gebrochenem Herzen also konnte man sterben, wenn man an der Liebe litt.

Welch ein Himmelsgeschenk, wenn sie erwidert wurde! Gott war nicht genug dafür zu danken! Und Gott blickte gnädig auf das Treiben der Liebenden. Hätte er sonst zugelassen, dass sich ihre Seelen gleichsam auf einen Ton stimmten?

Dass auch ihre Gedanken einander ähnlicher würden, dafür galt es, Wilhelmine eine entsprechende Bildung zu geben. Und was war sicherer als dies selbst in die Hand zu nehmen? Kein damit beauftragter Lehrer hätte des Prinzen Vertrauen genossen, zumal man nie wusste, ob jener nicht doch seine geheime Mission ausplauderte. Unterrichtet wurde nur der Stoff, den Friedrich Wilhelm für wesentlich hielt. Es war der, den er in seiner Jugend in Schloss Oranienburg selbst gelernt hatte. Der Prinz stürzte sich in seine Aufgabe. Und Wilhelmine lernte fleißig. Zuerst nahm man die brandenburgisch-preußische Geschichte durch, dann die allgemeine deutsche, sodann schritt man zur römischen und griechischen fort. Auf ihrer Reise nach Italien, aber nicht nur da, werden ihr, wie sie später schreibt, genau diese, in einem verwunschenen Garten vor den Toren Potsdams erworbenen Kenntnisse Nutzen bringen. Sie wecken in ihr die Liebe zur Antike, zu allem Arkadischen – und dank ihrem Talent zum leichtfüßigen Parlando, zum »feinen Weltton«, wie ihn selbst ihre Feinde späterhin an ihr entdecken, öffnen sie ihr die Türen zu neuen Räumen.

Sophie Marie von Pannwitz (1729–1814), die große Liebe August Wilhelms, spätere Gräfin von Voss, mehr als sechzig Jahre lang Hofmeisterin am preußischen Hof. Lithographie von1746

August Wilhelm Prinz von Preußen (1722–1758); Kronprinz bis zu seinem frühen Tod 1768 und Vater von Friedrich Wilhelm. Gemälde von Antoine Pesne – Werkstatt

In französischer Übersetzung las der Prinz mit seiner eifrigen Schülerin Homer und Vergil, ohne die keine literarische Bildung denkbar war. Nachdem er sie mit den griechischen und römischen Mythen sowie den Dichtern des Altertums bekannt gemacht hatte, sorgte er, beflügelt von Wilhelmines Begeisterung, weiterhin für geschichtliche Lektüre. So lasen sie, ebenfalls in französischer Übersetzung, Flavius' Geschichte der Juden, die Geschichte der Tempelritter und die der großen Entdeckungen. Dazu kam die Lieblingslektüre des Rokoko, die berühmtesten zeitgenössischen Memoiren, etwa die der Madame Delaunay-de Staal aus dem Zeitalter Ludwigs XIV. Die verarmte Adelige beschrieb illusionslos ihren Weg als Gouvernante und Gesellschafterin, wie sie, in eine Verschwörung verwickelt, zwei Jahre in der Bastille inhaftiert war und sich erst mit fünfzig, um der Enge ihres Standes zu entkommen, zu einer Heirat entschloss. Dies nahm der Prinz als »Gelegenheit ... über und gegen die Einmischung der Weiber in politische Angelegenheiten seine Gedanken zu äußern.« Am preußischen Hof, das stand außer Frage, war diese Gefahr gering. Seit der großen Sophie Charlotte – der Frau des ersten preußischen Königs Friedrich und Gönnerin des Philosophen Leibniz –, das lernte Wilhelmine nun, war hierzulande niemals mehr eine Dame mit Eigensinn aufgetaucht. Ohne diesem Gedanken weiteren Raum zu geben, hatte sie Voltaires Stücke zu studieren, die hoch im Kurs standen, obwohl seine Satire »La Pucelle d' Orleans« als zu »unsittlich« vom Unterricht ausdrücklich ausgenommen war. Indessen lernte sie die »Henriade«, das Epos über Heinrich IV., auswendig, und zwar insgesamt, nicht nur die ersten Verse, die Friedrich II., wie er lustvoll betonte, der ganzen Ilias vorzog.

Auch Erdkunde, des Prinzen Lieblingsfach, betrieben sie mit Hingabe, und um sich ein Bild von der Welt zu machen, zogen sie einen Globus hinzu. Hier wurde viel auswendig gelernt und das Gelernte auf dem Atlas gesucht. Wüsten, Gebirge, Meere – legte er ihr nicht alle fünf Kontinente zu Füßen? Wunderbar, wie der Prinz dabei vor seiner Wilhelmine brillieren konnte: »Mit geschlossenen Augen vermochte er auf der Karte Orte zu bezeichnen.« Er wählte die Methode seines hochverehrten Lehrers, Monsieur Béguelin, eines gütigen und gebildeten Mannes, der von Friedrich II. unlängst einer Äußerung wegen, in der er den Frieden über den Krieg stellte, mit Verbannung bestraft worden war. Entschädigen wird ihn Friedrich Wilhelm nach seiner Thronbesteigung mit Adelstitel und einem würdigen Amt als Direktor der philosophischen Klasse der Akademie der Wissenschaften.

Verdüsterte der Schatten des königlichen Onkels das Zusammensein, vertrieben sie ihn mit dem, was er, der einzig französische Dramen und Literatur gelten ließ, missbilligte – mit Shakespeare. Sie lasen laut aus der Ehrenburg'schen und der seit 1766 verbreiteten Wieland'schen Übersetzung. Und sie betraten gemeinsam Neuland. Um die Stücke im Original zu lesen, lernten sie die englische Sprache. So übersetzten sie eines Tages mit großem Eifer, Schulter an Schulter: »Es ist die Nachtigall und nicht die Lerche ...«

Was ihnen zusammen verwehrt war, genoss der Prinz stellvertretend für beide: Wurde in Berlin Shakespeare gespielt, so besuchte er die Vorstellung, um, kaum ins Ritz'sche Anwesen zurückgeeilt, seinen ungeduldig ihn erwartenden Zögling an diesem Erlebnis teilhaben zu lassen. Man spielte dann noch einmal, mit verteilten Rollen. Was hätte sich besser dafür geeignet als das schaurigschöne Liebesdrama, das 1766 in der Hauptstadt zum ersten Mal aufgeführt wurde – »Romeo und Julia«? Bloß, darin waren sie sich einig, ein Missverständnis mit tödlichem Ausgang hätte zwischen ihnen keine Chance. So anrührend zauberisch die Verse, so unannehmbar tragisch das Ende. Aber dieser Engländer verstand etwas vom Leben und der Liebe und einer tückischen Welt, die missgünstig, neidisch, bösartig zu Fall bringt, was sich eigene Gesetze gibt. Und er hatte Witz. Wie in der Figur des dicken Falstaff, der Wilhelmine immer wieder Gelegenheit zu Vergleichen mit dem allmählich zur Korpulenz neigenden Geliebten bot. Ein Scherz, den er bereitwillig aufgriff und eine Reihe seiner Briefe, wenn nicht als Romeo, dann als Falstaff unterzeichnete.

Und sie lasen weiter. Rousseaus empfindsamen Roman »Nouvelle Héloïse«, die Geschichte um die Liebe zwischen einem Hauslehrer und seiner adligen Schülerin, um Familienbande, die eine solch unstandesgemäße Verbindung vereiteln, und um die unbezwingbare Macht der Gefühle. Es war ihnen, als hielte der Autor ihnen einen Spiegel vor.

In Magdeburg hatte der Roman zuvor schon eine andere Leserin gefunden, die sich in dieser Geschichte gleichfalls, wenn auch mit deutlich distanzierterer Haltung, wiedererkannte. Sie schrieb 1761, noch während des Krieges: »Ich las die ›Nouvelle Héloïse‹, ein Buch, das eben erst erschienen ist und die Gefühle der Freundschaft und die der Liebe mit einer seltenen und eigentümlichen Beredsamkeit schildert. Allerdings lässt die Liebe die Heldin des Buches einen unverzeihlichen Fehltritt begehen; aber dennoch ist man geneigt, um ihrer Reue willen ... ihr dies Vergehen zu verzeihen.« Autorin dieser Zeilen war Sophie Marie von Pannwitz, unterdessen verehelichte Gräfin von Voss, spätere Oberhofmeisterin Ihrer Majestät, der Königinwitwe Elisabeth Christine, ungeliebte Gattin Friedrichs II. Gräfin Voss war jene Frau, die der Liebe von Friedrich Wilhelms Vater, den Geboten von Sittsamkeit und Tugend folgend, umso hartnäckiger widerstand, je mehr sie in sich eine ähnliche Leidenschaft wachsen fühlte.

Wilhelmine las am Ende alles, was zur gängigen Lektüre der Gebildeten gehörte. Aufnahmefähig, lernbegierig und offenbar ungewöhnlich begabt, erwarb sie ein Wissen, das weit über die durchschnittliche Mädchenbildung auch der höheren Stände hinausging. Das vergaß sie nie und sollte dem Geliebten dafür ein Leben lang dankbar bleiben. Vorläufig vollzog sich ihre Wandlung im Verborgenen. Irgendwann aber träte sie, das wusste sie, ans Licht.

Ein hoher preußischer Beamter, der sie 1811 in Paris kennen lernte, schrieb über Wilhelmine: »In der Unterhaltung zeigte sie sich als eine hochgebildete, sehr begabte Dame. Reich an Gedanken entwickelte sie diese im gewähltesten, wohlklingenden Redefluss. Aber schreiben konnte sie nicht. Ihre Briefe sind beinahe unverständlich und die Buchstaben Hieroglyphen zu vergleichen. Doch nimmt man sich die Mühe, ihre Briefe in ordentliches Deutsch umzuschreiben, so sind die Gedanken, die Wendungen anregend und vortrefflich.« Dieser Mangel hat wohl am schlechten Deutschunterricht gelegen. Denn auch ihr Lehrmeister schrieb das Deutsche orthographisch nicht korrekt, während er Französisch nicht nur flüssig sprach, sondern auch einigermaßen richtig und nicht schlechter als sein Onkel schrieb.

Drei Jahre lang haben sie sich über Bücher gebeugt. Dann hat der Prinz eine wahrhaft sensationelle Idee, womit das Erziehungsprogramm seinen letzten Schliff erfährt. Er schickt seine Geliebte auf Reisen – so wie einst die jungen Herren von Stand nach Italien, auf die Grand Tour gingen, bevor sie ihren Pflichten in Ämtern und Ehen nachkamen. Weltgewandtheit und gesellschaftlichen *Comment* sollten sie sich unterwegs aneignen, Bildung als Erlebnis mit nach Hause bringen. Wilhelmines Grand Tour aber führt nicht über die Alpen. Sie geht direkt in die Hauptstadt der schönen Lebenskünste. Nach Paris. Für sie unfassbare sechs Monate lang.

Der Prinz hat Mut. Weiß er, dass seine Geliebte auch diese einmalige Chance nutzen wird? Er ist sich ihrer sicher, er vertraut ihr. Und Wilhelmine? Sie ist fünfzehn und Paris ein Sehnsuchtsort. Sie will ihre Sprachkenntnisse vervollkommnen und unter dem berühmten Gaetan Vestris, dem »Gott des Balletts«, den Tanz studieren. Natürlich reist sie nicht offiziell. Sie dem preußischen Gesandten zu empfehlen, hindert den Prinzen wie immer die Angst vor dem Onkel. Begleitet wird sie von Schwester Christiane, die sich inzwischen von ihrem Grafen getrennt hat und nun mit großer Dienerschaft unterwegs ist. Mit einer Empfehlung Friedrich Wilhelms an Demoiselle Delaunay, die Schwester des Kommandanten der Bastille, wird Wilhelmine bald in die Kreise des internationalen Adels eingeführt und lernt dort russische Prinzen und französische Grafen kennen. Sie besucht Versailles und Fontainebleau – und sie wird bei der Gelegenheit auch zu der einen oder anderen Jagdbelustigung eingeladen. Sie macht die Bekanntschaft des Hauses von Lusac, des sächsischen Grafen Franz Xaver, der sich aus Sachsen nach Frankreich zurückgezogen hat und dessen Sohn später in ihrem Leben vorübergehend eine amouröse Rolle spielen wird.

In einer solchen Gesellschaft von Bonvivants lässt sich vortrefflich mancherlei verfeinern: Benehmen, Takt und Etikette sowie jene Tugenden, die als solche in Preußen nicht angesehen sind. Keine Oberhofmeisterin dort verfügt über sie: Esprit, Weltläufigkeit und Witz. Auch scheint Wilhelmine in der französischen Hauptstadt allerlei galante Erlebnisse gehabt zu haben, über die sie allerdings in ihren Erinnerungen feines Stillschweigen bewahrt, denn, »ein auch nur geringer Grad an Klugheit«, so sagt sie, gebiete, »allen – nicht alles zu erzählen.«

Dass sie vom Prinzen selbst ihre Ausbildung empfangen hat, erfüllte Wilhelmine immer mit Stolz. Sie wusste um die Einzigartigkeit dieses Vorgangs, denn all ihre Vorläuferinnen, die berühmten Mätressen an Europas Höfen, hatten von zuhause aus eine entsprechende Erziehung genossen. Entstammten sie den höheren Ständen, waren sie unterwiesen in den dort üblichen Fertigkeiten, verstanden zu musizieren, zu tanzen, kultivierte Konversationen zu führen und selbstverständlich zu lesen. Selbst wenn ihnen der Sprung aus einem Bürgerhaus an die Seite des Königs gelungen war, so hatten auch sie meistens mehr als nur ihre Schönheit vorzuweisen.

Keine Diane de Poitiers, Madame de Montespan, Gabrielle d' Estrées, auch nicht die Pompadour genossen das Privileg, das ihr zuteil wurde. Das lehrte sie ein Blick in die Bücher: »Begreift das Publikum, dass es keine Prahlerei ist, wenn ich sage, dass unter tausend Geliebten der Fürsten, welche die Geschichte aufweist, vielleicht nicht eine ist, die sich [darin] mit mir vergleichen lässt. Sie können mich an Reizen des Körpers, an Vorzügen des Geistes bei weitem übertroffen haben; aber ihr Geist war nicht durch den Geliebten selber gebildet.«

Die fortgesetzte Mitteilung von Gedanken und Empfindungen ließ zwischen Friedrich Wilhelm und seinem geliebten Zögling ein »ungleich edleres Band entstehen, als je das Physische knüpfen konnte.« Obwohl Wilhelmine bis zuletzt wirklich schön gewesen sein muss, verlor sie den Liebhaber lange vor seinem Tod. Den geliebten Freund und Vertrauten aber behielt sie bis zum Schluss.

Schon in ihrem ersten Jahr, im Gartenhaus hinter den Weinbergen, liebte und verehrte sie in ihrem Prinzen den Lehrer, der ihr ein zweites Lebens schenkte, weil er ihr unablässig neuen, für sie nicht vorgesehenen Stoff zum Denken und Fühlen gab. Während er in ihr seine aufmerksame, leichtfassende, auf seine Ideen eingehende und sich immer mehr vervollkommnende Schülerin liebte.

Seither geisterte jener ihr wohlbekannte sagenhafte König Pygmalion auf seiner fernen Insel durch ihrer beider Welt, der, weil ihm das Glück abhold war, sich der Kunst verschrieb und eine Statue fertigte, so schön, dass er sich in sie verliebte, heillos und ohne Rettung, bis Aphrodite, sich seiner erbarmend, ihr Atem einhauchte und ihm ein menschliches Wesen gab. Ihr Körper war warm und weich ihre Haut, und er nahm sie zur Gefährtin. »Als neunmal die Sichel des Mondes sich zur vollen Scheibe gerundet, brachte jene das Mädchen Paphos zur Welt, von dem die Insel ihren Namen hat.«

Wilhelmine wird später ein Fresco entwerfen lassen, auf dem der griechische Bildhauer verzückt vor seinem Wunderwerk, vor Galathea steht, die Hand ihr reichend, um sie aus dem Bild heraus in das Glück einer ewigen Zweisamkeit zu führen Noch später wird im Komödienhaus am Gendarmenmarkt ein Monodrama aufgeführt werden, das der Autor der »Nouvelle Héloïse«, Jean-Jacques Rousseau, geschrieben hat: »Pygmalion«. In der Titelrolle ist Iffland zu sehen, der Intendant des Nationaltheaters von des Königs Gnaden, der auch Regie führt: Bei ihm spielt die griechische Sage nicht in der Antike, nicht in der Epoche des Rokoko, sie spielt im bürgerlichen Milieu. Anton Graff, Wilhelmines hochgeschätzter Porträtist, hat ihn darin gemalt wie Michelangelo Gottvater, als er Adam mit unendlich sanfter Gebärde, ihn berührend, das Leben gibt.

Die Premiere findet am 25. November 1797 statt. Da ist Friedrich Wilhelm schon neun Tage tot und Wilhelmine, von sechzehn Soldaten bewacht, eine Gefangene im Kavalierhaus am Heiligen See.

Noch aber vergnügt sich Wilhelmine im fernen Paris, setzt all ihre neugewonnenen Kenntnisse ein und erlebt mit Erstaunen die Bewunderung, die man einer preußischen Demoiselle dort zuteil werden lässt.

Kapitel 3

Idyllen

Ihr erster Besitz. In Falkenhagen. Ein winziges Bauerngut für sie allein. Wilhelmine Encke steht zwar in keinem Grundbuch, aber der Prinz hat es ihr dennoch zum Geschenk gemacht. Ungeduldig hatte er sie erwartet, als sie von ihrer großen Reise aus Paris zurückkehrte. Er stürzte sich in Schulden, um dies Haus zu erwerben, eigene vier Wände, in denen sie ungestört und selbst wohlwollendsten Blicken entzogen wären. Alte Eichen säumen die Straße, die zu dem stillen Dorf führen, inmitten der märkischen Heide. Ab und zu steigen Rauchwölkchen in den Himmel, wenn der Teer in den Öfen gebrannt wird. Kiefernwälder wachsen bis zum Horizont, weit dahinter erst liegt das geschäftige Spandau. Niemand weiß, wer die unbekannte Schöne ist, nur der Oberjäger und Hegemeister dieser Waldgebiete, Herr von Koschembahr, denn er hat seinem Schwager, Friedrich Wilhelms Adjutanten Forçade, das entlegene Heidedorf als Versteck empfohlen. Schützend legt er seine Hand über die junge Frau.

Wilhelmine ist glücklich. Vier Jahre dauert ihre Liebe schon, und inniger denn je umschlingt sie das Band der Leidenschaft. Es ist Winter, und der Geliebte scheut keinen Ritt im Parforce, um durch dicht fallenden Schnee, über das Eis zu fliegen. Mindestens dreimal die Woche, drei Stunden hin, drei Stunden zurück, um drei knapp bemessene Stunden in ihren Armen zu sein. Dass er ein tüchtiger Reiter sei, hatte man sich schon auf den Assembleés im Haus ihrer Schwester erzählt. Aber dass er, um zu ihr zu kommen, so viele Meilen zurücklegt, rührt sie zutiefst. Wie sein gewissenhafter Kämmerer später zusammenzählte, hätte er damit die Welt genau einmal umrunden können.

Doch leider ist dem Prinzen zuallererst auferlegt, seinen militärischen Aufgaben nachzukommen. So hat er des morgens pünktlich im Lustgarten bei seinen Truppen zu erscheinen. Halten ihn die

Kronprinz Friedrich Wilhelm zu Pferde. Radierung von Daniel Chodowiecki aus dem Jahr 1777

Potsdamer Pflichten von seinen amourösen Ausflügen ab, so macht sie sich auf den Weg. Immer wieder steigt sie dann im Ritz'schen Anwesen ab. Dazwischen schreibt er sehnsuchtsvolle Briefe.: »Mein allerliebster scharmanter Engel ..., ich habe diese Nacht recht viel von Dich geträumet, dass wir beieinander wären und viele Tauben um uns hätten ... es ist mir recht ängstlich vorgekommen, so ohne Dich in das Bette zu liegen, und es hat mir entsetzlich gefroren.« Für Wilhelmine bestellt er ein Bett mit grünen Vorhängen, in dem es sich im Sommer wie auf einer Wiese liegen lassen wird, schilt sie, dass sie viel weniger schreibt als er, und beschließt, dass das Bett selbst auch noch grün bezogen werden soll.

»Mein liebes Seelen Rikechen, wenn du nur halb so viel an mir denkst als ich an dich denke, so bin ich schon zufrieden, ich sage, was ich oft schon gesagt habe, dass du all meine Freude bist, die ich auf der Welt habe. Ich küsse dich viel tausend mal und bin dein getreuer Diener bis in den Tod ... ach wenn ich doch erst bei dir wäre, gott, wie bin ich unruhig.«

Der Prinz schreibt gern und viel, so viel, dass die Bauern, die die Laufpost nach Falkenhagen in Wilhelmines Refugium zu besorgen haben, murren angesichts der ungewohnten Menge, die plötzlich hin- und herzutragen ist. Doch er sendet auch immer wieder seine persönlichen Boten aus, besonders wenn die Briefe von Geschenken begleitet sind: »Morgen werde ich die beiden atlasenen Kleider nach Berlin schicken. Sage nur Christian, dass er die Kleider um acht Uhr des abends von den Bauern abholet; die beiden neuen Proben, die Du Dich gestern ausgesuchet hast, werde ich auch heute Abend wegschicken, um sie bald zu kriegen ... Morgen werde ich Dich durch Hannes schreiben und Dich Geld schicken, um Dich noch allerhand Sachen gegen den Karneval anzuschaffen.«

Mit der Zärtlichkeit eines Vaters trägt er Sorge für sie, mit der Beständigkeit eines Freundes teilt er ihr Leben, und mit der Leidenschaft der Liebenden wählen sie gemeinsam das Symbol der Unverbrüchlichkeit.

»Tue mir den Gefallen, mein Engel, an Christian, die Maße von Deinem Finger zu geben, um dass er für Dich den Ring bestellet, sage nur, wie du ihn haben willst, ob er mit oder ohne Blume sein soll, und im Ring wollen wir setzen lassen – Berlin, den 27. Januari 1770. ... Du musst mich den Ring schicken, den Du vor mich bestellet hast, bis dass wir uns wieder sehen, dann werden wir unsere Ringe mit einander wechseln.«

Sie schwören sich ewige Treue. »Ich war damals«, so berichtet sie später, »zum ersten Male guter Hoffnung und fragte ihn mit Tränen, ob er mich nun verlassen wolle. Er wurde sehr ernst, reichte mir die Hand und versicherte, dass er nie von mir lassen werde. Er hielt sein Radiermesser in der Hand. Mit diesem schnitt er sich in den Ballen seiner linken Hand und schrieb mit seinem Blute auf ein Blatt Papier: ›Bei meinem fürstlichen Ehrenwort versichere ich Dir, Dich nie zu verlassen.‹ Er wünschte auch von mir ein mit Blut geschriebenes Andenken. Ich schnitt mich ungeschickt in den Daumen, und das Blut floss so reichlich, dass ich damit einen Bogen hätte beschreiben können. Die Narbe dieser Schwärmerei«, sagt die Gräfin Lichtenau 1808, »trage ich noch an meiner Hand.« Ist ein solches Gelöbnis nicht von innigerem Ernst als jedes Wort vor dem Altar? Was schert sie da manch unschöner Verdacht. Seine allfällige Neigung zu kleinen Flirts: Wilhelmine sieht sie mit Besorgnis – und nimmt sie hin. Viel zu selig sind die Zeiten, als dass sie mehr als nur einen flüchtigen Schatten vor sich sähe, sie ist ohne Sorge um die Zukunft und voll des Jubels. Sie wird ein Kind bekommen. Ihr gemeinsames Kind.

»Ich danke dich noch tausend Mal vor alle die Freundschaft und Liebe, die Du mich erzeiget hast, während die glückliche Zeit, das Du hier gewesen bist. Deine Liebe machet mich zum glücklichsten Menschen von der Welt, und solange als noch ein Blutstropfen in meinen Adern sein wird, so werde ich alle mein möglichstes tun, um mir Deine Liebe und Treue allezeit würdig zu machen, und werde ich Dich zum wenigsten ebenso lieben als Du mich liebest und werde von keine fremde Leute Ringe annehmen.

Adieu, schönstes, allerliebstes Riekchen, vergesse deinen treuen Diener nicht, der Dich aus Hertzens Grunde anbetet.«

Einen Ring aber musste er dann doch annehmen. Denn der Prinz hatte 1769, wenige Monate nach der Scheidung von Elisabeth von Braunschweig, erneut zu heiraten. Auch diesmal traf der Onkel die

Friederike Luise von Hessen-Darmstadt (1751–1805); zweite Gemahlin Friedrich Wilhelms seit 1769, Mutter des Thronfolgers Friedrich Wilhelm (III.). Stich von Frédéric Reclam, 1770

Wahl. Sie war auf die Tochter der von ihm hochgeschätzten »großen Landgräfin« gefallen, auf Friederike Luise von Hessen-Darmstadt. Anders als während seiner ersten Ehe, scheint sich Friedrich Wilhelm in sein Los gefügt und die an ihn gestellten Erwartungen erfüllt zu haben. Vor allem aber war es Friederike Luise, die sich vorbildlich den Pflichten unterzog, die eine künftige Königin abzuleisten hatte. Alles andere als eine Schönheit wie ihre Vorgängerin, arrangierte sie sich mit ihres Gatten Eigenheit, nahm dessen Untreue als gottgegeben hin und ließ sich beizeiten dafür mit besonderen Zuwendungen entschädigen. In diesen politischen Verbindungen, so empfahl ihr die Etikette, und sie folgte ihr, gab man sich keinen unnötigen Sentimentalitäten hin. Obendrein war sie von genügsamem Wesen und entzog sich dank eines stillvergnügten Naturells den geräuschvollen Intrigen bei Hofe. Im Lauf von dreizehn Jahren gebar sie sieben Kinder, ihr erstes, ein Sohn, war der spätere Friedrich Wilhelm III. Voller Stolz nimmt der Vater an dem Zeremoniell teil, mit dem man bei Hofe den künftigen Thronfolger ehrt, um sich danach sogleich auf den Weg nach Falkenhagen zu begeben. Wahrhaft verbunden fühlt er sich nur mit der Geliebten.

Um die gleiche Zeit bringt Wilhelmine eine Tochter zur Welt. Sie wird tot geboren. Mit einem Mal ist es, als hätte die Idylle ihren Glanz verloren, die Idylle ist fahl geworden. Das Versteck wird ihr zum Gefängnis. Sie ist einsam bis auf die wenigen Stunden, in denen der Geliebte bei ihr sein kann, weil er sie sich abtrotzt, seinen Pflichten als Thronfolger und als Ehemann. Wie lange wird sie sich so vor der Welt zu verbergen haben? Auf dem Mahlsand in der Einsamkeit von Teeröfen und märkischen Kiefern.

Immer häufiger wagt sich Wilhelmine aus ihrem Versteck heraus, weilt inkognito in der Residenz des Prinzen. Dort, wo die Flussarme der Havel nach heftigen Gewittern die Ufer überspülen, wo in der Ferne eine wilde Insel aus dem Wasser ragt – wo sie einst die ersten Liebesstunden erlebten. Schön, wie sie die Erinnerung an diese Zeiten immer wieder mit Leidenschaft zu erneuern verstehen.

Eines fernen Tages, das ist gewiss, werden die Heimlichkeiten ein Ende haben, dann, wenn ihr Prinz König sein wird. Oder doch schon vorher, vor dem Tod ihres größten Feindes, Friedrichs II.?

Kapitel 4

Die arme Pompadour

Die Geduld Friedrichs II. wurde auf eine harte Probe gestellt. Die »Sache« dauerte schon viel zu lange. Viel länger als die üblichen amourösen Affären: kurze Flamme, tusch und Schluss. Zehn Jahre genaugenommen, und dabei hatte der Neffe keine Mühe gescheut, das Mädchen vor seinen Blicken zu verbergen. Seinen Aufpassern verdankt der König die Chronik der Ereignisse. Vom Gartenhaus am See, gewissermaßen in seinem Rücken hinter den Hügeln von Sanssouci, bis zur Reise nach Paris. Davon hatte er sich die Wende erhofft. Doch welche Enttäuschung. Offenbar hatte die Trennung das Feuer nur umso mehr entfacht. Auch in den Jahren danach, als er auf eine allmähliche Entfremdung durch Gewohnheit setzte, wurde er ein zweites Mal belehrt. Die Liaison schien mehr als ein galantes Abenteuer, gegen Willfährnisse jedweder Art gefeit. Die Musikertochter blieb die Geliebte des Prinzen von Preußen.

Und wie nutzlos, den Neffen kurz zu halten. Viel kürzer als es sein eigener gestrenger Vater, Friedrich Wilhelm I., in der ihm eigenen Sparsamkeit zu tun geruhte. Hatte der ihm doch nicht nur das glänzende Palais unter den Linden eingerichtet, sondern, als er es vorzog, seine letzten Kronprinzenjahre außerhalb der Residenz, fern der väterlichen Aufsicht zu genießen, ihm auch noch das Refugium in Rheinsberg zum Geschenk gemacht. Der Herr Neveu hingegen machte Schulden und kaufte ein Bauerngütchen in der Heide. Freilich, auch die ihm, Friedrich, seinerzeit zugemessene jährliche Apanage von immerhin 57 000 Talern hatte nicht ausgereicht, sodass bei ausländischen Banken beträchtliche Kredite aufzunehmen waren; für den Hausstand im Lustschlösschen am Grienickesee, die allfälligen Umbauten dort und die mannigfachen Festlichkeiten. Seinen Nachfolger würde er demnächst mit einer erheblich geringeren Summe abfinden. Schließlich oblagen ihm im Kabinettshaus am Neuen Markt auch keine umstürzenden bauli-

Friedrich II., der Große, König von Preußen (1712–1786). Gemälde von Anna Dorothea Therbusch, 1780

chen Verpflichtungen. Aber erwies er sich der Zuwendungen überhaupt als würdig? Stets lebte er über seine Verhältnisse und stets unterlief er die an ihn gestellten Erwartungen.

Da hielt ihn der König dann lieber von Justiz- und Verwaltungsangelegenheiten fern und betraute ihn nur mit geringfügigen Aufgaben, vom täglichen Militärdienst abgesehen.

So schickte Friedrich II. seinen Neffen nach Petersburg, damit er gegen den günstigen Eindruck anginge, den Österreichs neuer Herrscher, Joseph II., dort hinterlassen hatte. Der Gefahr einer möglichen neuerlichen Annäherung zwischen Russland und den Habsburgern wollte man durch eine eigene Sympathietour preußischer Prägung begegnen. Graf Potemkin immerhin, der Favorit der Zarin, zeigte sich sehr beeindruckt von dem »angenehmen jungen Mann«, der den Damen den Hof machte und eine enge Beziehung zu dem Großfürsten-Thronfolger herzustellen vermochte. Katharina II., Friedrichs große Gegenspielerin, ließ sich allerdings von ihm weniger entflammen: Er habe eine »mordsdämliche Mischung« von Bigotterie, Ehrbarkeit und Sinnlichkeit. Letztere allein hätte vor ihren Augen vielleicht Gnade gefunden, da die große Kaiserin auch im fortgeschrittenen Alter, nach einer stattlichen Reihe von zwanzig Liebhabern, männliche Reize ungebrochen zu schätzen wusste.

Das Haus Hohenzollern hatte am russischen Hof keinen leichten Stand. So war die Reise letztlich doch kein Erfolg, und Friedrich störte einmal mehr alles an dem jungen Mann. Schon damals, gegen Ende des Siebenjährigen Krieges, im Winterquartier in Breslau, hatte ihn ganz besonders dessen Neigung zur Liebeständelei gereizt, neben dem Cellospiel und dem freundlichen Wesen.

Friedrich Wilhelm jedoch tat seinem hagestolzen königlichen Onkel nicht den Gefallen, sich dafür zu entschuldigen – auch nicht für seine Liebschaft, wenngleich er ihm gegenüber Wilhelmine Encke aus gutem Grund mit keinem Wort erwähnte. Durfte er seine Geheimhaltungsmaßnahmen doch als gelungen ansehen, solange Friedrich kein ausdrückliches Verbot über die Beziehung verhängt hatte. Da der aber immer wieder Anlass zu dessen Lebenswandel missbilligenden Urteilen fand, widersetzte sich der Thronfolger prompt drei Tage nach seiner Scheidung von Elisabeth von Braunschweig – mit einer ausgefeilten Liebeskasuistik. Er würde sich durch den väterlichen Vorgesetzten nicht brechen lassen, sagt ihm den Kampf an, rechnet ab mit dem Onkel, der nicht nur meint, ohne alle Liebe leben zu können, sondern von seinem Hof alle Frauen verbannt hat. Er hingegen beharrt auf einer sinnlich-empfindsamen, auf der romantischen Liebe. Wissend um die eigene Unzulänglichkeit behauptet er den Anspruch auf die »Passion«, auf die eigene Glückseligkeit. Der Thronfolger befreit sich.

Erstaunlich selbstbewusst schrieb er am 21. April 1769 an Friedrich II. in flüssigem Französisch: »Übrigens glaube ich nichts getan zu haben, was mich unwürdig erscheinen lässt, Ihr Verwandter zu sein. Ich füge hinzu, dass Sie über mein Leben richten und dass meine Freiheit in Ihren Händen liegt, aber – halten zu Gnaden –, niemand wird sie mir nehmen. Ich habe geglaubt, mich nach Mädchen umsehen zu dürfen, ohne darin ein Verbrechen zu sehen, um so mehr, da ich ja geschieden bin. Sobald ich eine andere Frau haben werde, die meiner Freundschaft würdig ist, werde ich mir mehr Zurückhaltung auferlegen.

Übrigens, Sire, ich habe die Liebe nicht als etwas Infames angesehen. Die größten Männer haben geliebt, eine Schwäche, gewiss, aber sie ist so beschaffen, dass die strengste Vernunft ihr nicht beikommen kann. Wenn der große Gustaf und Karl XII. von dieser Leidenschaft verschont geblieben sind, dann deshalb, weil ihr glücklicher Stern ihnen eine glänzende Jugend oder eine Leidenschaft für den Ruhm bescherte, die sie mit solcher Leichtigkeit befriedigen konnten, so dass jede andere Leidenschaft in ihnen erstickt wurde.

Natürlich gebe ich zu, dass nach dem Ruhm die Liebe eine meiner Hauptleidenschaften ist, sie hat mir viele Torheiten eingebracht, aber niemals hat sie mich zu Niedertracht oder zu Handlungen veranlasst, über die ich erröten müsste.

Meine Leidenschaft für den Ruhm hat noch keine Erfüllung gefunden, wenn man diese Leidenschaft denn jemals wird befriedigen können. Hätte ich mich dieser jemals hingeben können, so hätte sie jene erstickt.

Geruhen Sie, Sire, für einen Augenblick den König und den Onkel außer Acht zu lassen und meine Art mit den Augen eines Philosophen zu betrachten. Finden Sie, ich sei so tadelnswert? Ich bin jung und ich bin ein Mann, welche anderen Leidenschaften könnte man in meinem Alter haben.«

Friedrich Wilhelm war fünfundzwanzig Jahre alt, und er hatte eine hinreißende Geliebte. Er ließ keine Absicht erkennen, an diesem schönen Lebenszustand etwas zu ändern. Der König hingegen grollte immer mehr. So schrieb er bitter: »Wenn nach meinem Tode mein Herr Neveu in Schlaffheit einschläft ... sehe ich voraus, dass in dreißig Jahren weder von Preußen noch von meinem Hause Brandenburg mehr die Rede sein wird.«

Was er aber, um Schlimmeres zu verhindern, dann doch hinzunehmen sich genötigt sah, war ebendiese Liebschaft seines Neffen.

Schlimmer waren Verhältnisse mit Tänzerinnen und Sängerinnen der Oper. Standen die nicht alle im Dienst ausländischer Herren? Politische Spionage war an der Tagesordnung. Jeder erinnerte sich an La Barbarina. Friedrich II. selbst am allerbesten. Damals, nach seiner Thronbesteigung, war die Kunde von einem neuen Stern am Pariser Opernhimmel an sein Ohr gedrungen. Was hätte sein gerade von Baumeister Knobelsdorff fertig gestelltes Opernhaus Unter den Linden besser zieren können als eine berühmte Diva? Mit italienischem Temperament und artistischer Finesse hatte sich die Ballerina mitten in sein Herz getanzt. Phantastisch, wie es ihr im Hochsprung gelang, die Beine nicht weniger als achtmal aneinander zu schlagen. *Un peu d'amour,* meinte die Schwester des Königs, Ulrike, sei bei ihm damals im Spiel gewesen. Vielleicht hatte auch Voltaire recht, der gehasste Freund, wenn er süffisant in der ihm eigenen Manier anmerkte: »Der König war ein wenig in sie verliebt, weil sie die Beine eines Mannes hatte.« Unvergessen blieb dem König, als die Ballerina 1745, zur Feier des Dresdener Friedens in Grauns Oper »Hadrian in Syrien«, sehr bewegt in großer Toilette die Flora und die Galathea gab. 7000 Taler jährlich war ihm ihre Anwesenheit wert gewesen, mehr als er je für eine Künstlerin zu zahlen bereit war, und er schenkte ihr rückhaltlos seine Sympathie – das war mehr als er sich gegenüber der ihm vom Vater ausgewählten Gattin abzuringen bereit war. Elisabeth Christine erfuhr noch nicht einmal die Gunst privater Unterredungen, wie sie der Tänzerin mehrfach zuteil wurde.

Doch was war deren Dank? Genau drei Jahre ließ sich die Barbarina, mit bürgerlichem Namen Barbara Campanini, in der Residenz halten, dann ging sie auf und davon mit einem Engländer – oder mit einem Italiener. Und wer weiß, ob sie nicht heimlich dem französischen König Rapport über Begebenheiten am preußischen Hof erstattet hatte. »Kanaillenbagage« schalt Friedrich fortan das wetterwendische Volk der Tänzer, Schauspieler und Sänger.

Geheimnisverrat witterte Friedrich II. überall, und der in seinen Augen schwache Neffe bot »weiblichen Söldlingen« des Feindes nach seiner Ansicht ein besonders dankbares Angriffsziel, da er sich ihres Zugriffs gewiss nicht zu erwehren verstand – wenn er sie überhaupt als solche zu identifizieren vermochte.

Da war die Valmore zum Beispiel, jüngste Primadonna an der Königlichen Oper. *Tout Berlin* riss sich um ihre Gunst, dabei lag auf der Hand, dass sie als Spionin ihr Geld verdiente. Im Februar 1776 berichtete der Potsdamer Leutnant von Byern über deren Affäre mit dem Kronprinzen nach Weimar. Seine Hauptstadtplauderei ging brieflich an Goethes Freund, den Offizier und Schriftsteller Karl-Ludwig von Knebel, der sich vor einer Weile in Berlin aufgehalten und an manch einer lustigen Soiree teilgenommen hatte: »Sie wissen, wie sehr schon zu Ihrer Zeit Mademoiselle Encke in Gunst stand. Das ging gut, bis vor etwa drei Monaten Mlle Valmore erschien. Sie ... debutierte im letzten Carneval ... Alle Welt war von ihrer Erscheinung und ihrer angenehmen, wenn auch kleinen Stimme entzückt. ... Sie hatte sehr viel Schmuck, hielt eine großartige Equipage, prunkvolle Dienerschaft, hatte zwei Häuser, Köche, und lebte überhaupt auf großem Fuße. Wer nicht hinter die Kulissen schaute, war überrascht, so viel Aufwand bei einer Schauspielerin zu sehen. Plötzlich verschwand sie aus Berlin, man sagt, auf Befehl des Königs, kam aber bald wieder und lebte mit demselben Aufwand weiter. Ritz hat sie am hellen Tage im Schlitten gefahren. Eben ist alles offenbar geworden, und die Encke ... droht die Valmore zu erdolchen, wo sie sie träfe. Man spricht übrigens unterschiedlich über die Encke, die durchaus nicht völlig in Ungnade ist, andere sagen, dass sie sogar wieder ausgesöhnt sei. Die ganze Situation erinnert sehr an Fernando, wie er zwischen Stella und Cecilie steht, und es ist sehr wohl möglich, dass das Ende des Stückes auch dasselbe ist.«

Der briefschreibende, bestens instruierte Leutnant spielte auf Goethes ein Jahr zuvor entstandene Schauspiel für Liebende an, »Stella«, das soeben in Hamburg uraufgeführt wurde. In dieser ersten Fassung, fiel man sich zu dritt in die Arme, das angestammte Paar und die neu hinzugetretene Geliebte. Man lebte mit der Aussicht auf eine *menage à trois*. Das Stück in Berlin hingegen endete vollkommen anders. Hier war es das Paar allein, das sich verschworen in die Arme sank. Die Valmore reiste ab, denn der Thronfolger hatte, wie schon so oft, schnell das Interesse verloren. Wilhelmine aber überstand auch diese Attacke unerschrocken.

Trübe Zeiten lagen hinter ihr, bitterer als jeder Angriff durch eine dahergelaufene Komödiantin. Ihr größter Wunsch, mit dem Geliebten ein Kind zu haben, hatte sich nicht erfüllt. Schien das Glück sie verlassen zu haben? Zweimal noch hatte sie eine bebende Hoffnung erfasst, zweimal erlebte sie die Freude, ein kleines Mädchen im Arm zu halten. Beide lebten nur wenige Tage. War das ihr Los bis ans Ende der Tage, während die Gemahlin des Geliebten stolz auf ihren munteren Nachwuchs, zwei Söhne und eine Tochter, zeigte? Doch der Schmerz bezwang sie nicht. Wilhelmine zeigte Haltung, sie begrub ihre toten Kinder nicht verstohlen auf dem Friedhof von Seegefeld, dem nächstgelegenen Kirchspiel in der Gegend, sie begrub sie neben der größten, neuerbauten Kirche Berlins, der katholischen St. Hedwigskirche.

Mehr und mehr wagte sie sich jetzt auch in die Hauptstadt, wenn sie das Falkenhagener Versteck verließ. Ihre Erscheinung, von der Rahel Levin sagte, dass die Schönheit ihres Anblicks Kopfschmerzen verursache, vermochte offenbar ein allgemeines Ärgernis zu erregen. Man tuschelte und zischelte seit langem über das bitterarme Mädchen aus der Vorstadt, das einst barfuß lief und über verflixt zauberische Kräfte verfügte, um einen gestandenen Mann, den zweiten im Staate Preußen, in Fesseln zu legen. Der

Klatsch über die Liebschaft des Prinzen drang besonders vernehmlich aus den noblen Palais der Friedrichstadt, aus der Jäger-, Mohren- und Wilhelmstraße, ergoss sich über den Gendarmenmarkt bis in die letzten Winkel des Schlosses. Weiten Kreisen bot die fortgesetzt leidenschaftliche Affäre zwischen dem Thronfolger und einer angeblich ungebildeten Bürgerlichen einen steten Quell der übelsten Nachrede. Die Kunst, die Ovidius lehret, habe sie mit größter Geschmeidigkeit auszuüben verstanden, nur um ihre materialistischen Zwecke zu erreichen.

Welche Ironie! Denn Wilhelmine lebt in äußerst kümmerlichen Verhältnissen. Der Kronprinz kann sie kaum unterstützen. Er bezieht nun knapp die Hälfte dessen, worüber Friedrich II. während seiner Kronprinzenzeit verfügte und hat einen eigenen Hausstand mit Familie zu finanzieren. Noch immer lebt er von Schulden – und seine Geliebte holt sich ihr Essen aus dem Speisehaus. Noch bis kurz vor der Thronbesteigung erhält auch ihre betagte Mutter, um die sie sich kümmert, nur eine winzige Pension, ihr Dienstmädchen einen kargen Lohn.

Gern hätte Friedrich Wilhelm seiner Wilhelmine durch seinen Adjutanten von Kleist ein Gut in Sachsen kaufen wollen, um ihr eine kleine Revenue zu verschaffen. Doch seine finanzielle Lage erlaubt dies nicht.

Des Kronprinzen Hofmeister von Arnstedt führt indessen weiterhin Klage über unerquickliche Auftritte mit dem König, »obwohl er doch schon auf eine mögliche Menage bedacht gewesen sei«, und macht Vorschläge, wie sich verdeckt mehr erwirtschaften ließe. Auch die Güter Falkenhagen und Wusterhausen, zu denen keine weiteren hinzugekommen waren, erbringen nur magere Einkünfte. »Eine ärmere Geliebte eines künftigen Thronerben hat es schwerlich je und irgendwo gegeben«, schreibt Wilhelmine später, »und dass ich diesen Zeitpunkt der Flitterwochen nicht benutzte, ist ein sicherer Beweis, dass das Talent der Bereicherungskunst mir von der Natur versagt sein muss. Ich war schon Mutter und litt nicht selten Not; andere verstanden es denn freilich besser, indem sie sich erst von Pluto reiche Opfer bringen ließen, ehe sie der paphyschen Göttin (Venus) opferten.«

Wilhelmine als Reisigsammlerin, wohl eine der ersten Karikaturen, die über die Geliebte Friedrich Wilhelms in Umlauf war. Gemälde von Jean Laurent Mosnier, um 1790

In dieser Zeit bezieht Madame Dubarry, die Nachfolgerin von Madame de Pompadour, vom französischen König Ludwig XV. monatlich 300 000 Livres, eine immense Summe, und ist dennoch immer verschuldet. Sie trägt kostbare Kleider und Schmuckstucke, besitzt prächtige Häuser, beschäftigt 16 Lakaien und mindestens ebenso viele Dienstmädchen.

Für Wilhelmine aber nahte nun unvermutet Rettung von ganz oben. Dort war beschlossen worden, eine Wende einzuleiten. Der König stand im Begriff, Wilhelmine Encke vor aller Welt als Mätresse des Prinzen von Preußen anzuerkennen. Eine einheimische Geliebte bot gegenüber all den spionageverdächtigen, obendrein kostspieligen Flirts zweifellos mehr Schutz und Solidität, ganz besonders eine solche, die seit langem Tapferkeit vor dem Feind, aber auch vor dem Freund gezeigt hatte. Sie würde seinem Neffen schon weiterhin straffe Zügel anlegen. So gesehen entpuppte sich die Liebeshörigkeit des Prinzen als die große Chance, ihn vor sich selber zu schützen. Wie unwillkommen dies Verhältnis auch war, es musste nur reguliert und befestigt werden, um seine zähmende Wirkung zu entfalten. Seine Majestät zeigte sich also gewillt, gegenüber der offiziellen Mätresse seines Nachfolgers keine Kosten zu sparen und hatten »Derohalben die Gnade, für Mademoiselle Encke 20 000 Taler anzuweisen zum Bau und zur Ausstattung eines Hauses, in welchem sie würdig repräsentieren kann«. Durch den Stadtpräsidenten Philippi ließ er ihr ausrichten, wie sie später schreibt, »er habe nichts dagegen, dass der Kronprinz zu mir käme, jedoch trüge er mir auf, sogleich Anstalten zu machen, ein Landhaus oder Landgut in der Gegend von Berlin zu kaufen, damit sein Neffe nicht so oft nach der Hauptstadt käme, weil er dort Bekanntschaften machte, die er nicht gern sähe. Wenn ich diesen Befehl überträte, würde ich zur Verantwortung gezogen, befolgte ich ihn aber genau, so würde er mein wohlaffektionierter König bleiben.« Diesen Auftrag, den sie einem solch schönen Sinneswandel verdankte, setzte sie sogleich in die Tat um.

Für 7500 Taler erwarb sie 1777 Garten und Landhäuschen des Grafen von Schmettau in Charlottenburg. Das Grundstück lag an der Spree, neben dem Schloss, das sich des Prinzen Urgroßmutter

Sophie Charlotte einst als *Maison de Plaisance* für Soireen, Konzerte, Bälle und Opern, für Lustbarkeiten aller Art eingerichtet hatte. Hier hielt sich der Thronfolger seit jeher oft und gerne auf. Wie leicht die Geliebte nun zu erreichen war – über eine kleine Brücke oder mit einem Nachen den Fluss entlang. So nah waren sie einander noch nie. Kein Versteckspiel mehr, keine Heimlichkeiten. Mehr als zehn Jahre hat sie ihre Liebe gegen alle Unbill verteidigt. Nichts und niemand würde sie je trennen. »So bekam ich also durch den König Friedrich den Großen die Grundlage dieses Eigentums, in dessen ungestörtem Besitz ich nie gehindert wurde.«

Unverzüglich machte sich Wilhelmine an den Umbau des einstöckigen kleinen Gebäudes, es wurde erweitert und eingerichtet, und zehn Jahre lang ging Friedrich Wilhelm hier ein und aus.

Kapitel 5

Von des Königs Gnaden

Der Reifrock ist nicht mehr zeitgemäß. Den Reifrock hat sie abgelegt. Wie hingegossen ruht sie mit dem breiten Gainsborough-Hut auf einem Fauteuil, umgeben von Jagdutensilien, einer Flinte, einem Hündchen und dem Beutestück, einem Fasan. Dahinter ein kleiner Wasserfall, den zwei schnäbelnde Täubchen krönen. Ganz *à la mode* trägt sie ein langes, tailliertes, fließendes Gewand in Feuerrot, ungewöhnlich tief dekolletiert und für preußische Verhältnisse höchst gewagt. Es ist das Porträt einer selbstbewussten Frau, die eine Schar von Bewunderern anlockt.

Wilhelmine ist dreiundzwanzig, als sie zum ersten Mal Modell sitzt, und zwar für eine hoch angesehene Meisterin ihrer Zunft: Anna Dorothea Lisziewska Therbusch. Die gebürtige Berlinerin, die bei ihrem aus Polen stammenden Vater George Lisziewski gelernt hatte, war nach Jahren langer Wanderschaft an Preußens Hof zurückgekehrt. Drei Jahre zuvor schon hat sie im Rahmen eines umfassenden Auftrags den Prinzen gemalt, zweimal. Zwei Bilder, zwei Charaktere. Einmal wehrhaft, in voller Rüstung, der Erbe der preußischen Krone blickt entschlossen am Betrachter vorbei. Dies war mit weiteren lebensgroßen Porträts der königlichen Familie als Staatsgeschenk für Zarin Katharina II. gedacht. Das andere, lebensfroh, galant, zeigt einen eleganten Bonhomme voller Tatkraft und Unternehmungslust.

Die Therbusch hat nicht nur mit repräsentativen Porträts in nachbarocker Pracht an europäischen Höfen große Triumphe gefeiert, in St. Petersburg und in den Niederlanden, in Mannheim und Paris. Sie weiß auch, wie körperliche Vorzüge zu arrangieren sind. Davon erzählen seit jeher ihre Selbstporträts. Das aus dem Jahre 1762 etwa, womit sie immerhin in die ein Jahr zuvor gegründete Stuttgarter »Académie des Arts« aufgenommen wurde. Dunkles ungepudertes Haar fällt lockig auf nackte Schultern, darüber ein lose getragener Mantel, der ein Hemd aus nahezu transparenter Spitze erkennen lässt. Das Dekolleté wird von einem lose um den Hals geschlungenen duftigen Schal halb enthüllt, halb verhüllt. In diesem Spiel mit Posen, mit verdeckten und offen zur Schau gestellten erotischen Reizen liegt Therbuschs Könnerschaft, die ihr schließlich das Entree in die Palais des Pariser Hochadels eröffnete ebenso wie 1767 in die Académie Royale. Für Frauen, zumal aus dem Ausland, eine seltene Auszeichnung.

Doch dann stockte ihr triumphaler Aufstieg. Denis Diderot, der große Bewunderung für den eigenen Stil der Malerin empfand, erklärte den Grund. Nicht an Charme habe es ihr gefehlt, es fehlten ihr Jugend, Bescheidenheit und Koketterie. Und es fehlte ihr, wie der große Aufklärer wusste, an zeitüblicher Devotion: »Man musste in Ekstase ausbrechen über die Arbeiten der großen Maler, Stunden bei ihnen nehmen, einen guten Busen und Hintern haben und seinen Lehrern völlig ergeben sein.« Über vierzig, keine Schönheit, stolz und hart arbeitend, verspürte Anna Dorothea Therbusch keine Neigung zur Ergebenheit. Sie wusste, was sie konnte und dachte nicht daran sich einzuschmeicheln. Am Ende verprellte sie auch noch ihren Gönner Diderot, weil sie ihm die Schuld dafür gab, dass die Aufträge vom Hof Ludwigs XV. ausblieben.

Sie gab den Kampf auf, zog sich nach Amsterdam zurück und hinterließ einen Berg von Schulden. Von dort aus ging sie nach Berlin, versuchte ihr Glück in ihrer Geburtsstadt. Auch hier wurde sie in die Akademie aufgenommen und bekam prompt die ehrenvolle Aufforderung, die königliche Familie in Einzelporträts zu malen. Da sie beständig unter Geldnot litt, ersuchte sie den König um weitere Aufträge. Der reagierte anfangs unwirsch: »Sie ist so theuer, wer wird so kostbare Tableaus kaufen«, bis er, da arbeitete sie gerade an ihrem Wilhelmine-Bild, worüber er offenbar unterrichtet war, einlenkte und sie vertröstete: »Jetzt nicht, muss Geduld haben!« Ob es tatsächlich diese Arbeit war, die den wundersamen Wandel in einem so sparsamen Gemüt bewirkte?

Friedrich II. hatte jedenfalls ein Einsehen, die Therbusch wurde aus der königlichen Schatulle entlohnt und es folgten einige weitere Aufträge.

Als die Malerin 1782 starb, wurde sie auf dem Friedhof der Dorotheenstädtischen Gemeinde begraben, dort wo später Alexander von der Mark, Wilhelmines und Friedrich Wilhelms Lieblingssohn begraben sein wird.

Die Therbusch hat viele namhafte Zeitgenossen porträtiert, gekrönte Häupter, Damen und Herren aus den höchsten Kreisen. Zu ihren berühmtesten Bildern aber wird das von der namenlosen jungen Frau im Jägerkostüm gehören, das französisches Flair durch das züchtige Preußen wehen ließ. Emporkömmlinge beide, haben sie sich letztlich gegenseitig zu Renommee verholfen. Die Malerin ihrem Modell, weil sie mit dem Porträt der Geliebten des Thronfolgers, lange bevor sie offiziell dazugehörte, ihren ersten wahrhaft repräsentativen Auftritt auf dem höfischen Parkett verschaffte – und das Modell Anna Dorothea Therbusch, weil der zwar zweifelhafte, gleichwohl beachtliche Ruf, der Wilhelmine in Preußen voraneilen sollte, fortan unauflöslich mit der Signatur des Bildes verschmolz.

Der Prinz und seine Geliebte, von der gleichen Hand gemalt, das erregte Aufsehen. Auch wenn die Bilder nie zusammen eine Wand schmückten – das Porträt des Thronfolgers fand, wie es sich gehörte, seinen Platz im prinzlichen Haushalt am Neuen Markt zu Potsdam, später im Schloss Monbijou, wo seine Gemahlin residierte – so haben Stil, Farbe, Licht und Haltung aus ihnen vor aller Welt ein Paar gemacht. Ähnlich wie auch Anton Graff etwa zehn Jahre später.

Der Hofmaler in Dresden, Mitglied der dortigen Kunstakademie, hielt sich 1787 am preußischen Hof auf und porträtierte in direkter zeitlicher Folge den neuen König Friedrich Wilhelm II. und Wilhelmine Encke, die Mutter ihres jüngst verstorbenen Sohnes. Beide in schwarzer Kleidung. Verflogen die Jahre des Ungestüms, vorbei die Epoche der Galanterien. Ernst die Züge, gefasst im Schmerz, in gemeinsamer Trauer.

Noch aber meinte das Leben es gut mit ihnen, besser denn je. Wilhelmine besaß ein Gut, von des Königs Gnaden. Niemand würde es wagen, ihr diesen Besitz streitig zu machen. Sie brach auf, sich mit dem Haus eine ganz neue Rolle anzueignen.

Friedrich Wilhelm. Gemälde von Anna Dorothea Therbusch, um 1773

Wilhelmine Encke, Gemälde von Anna Dorothea Therbusch, 1776

Die Jägerin im feuerroten Gewand nahm ihr Bild und hängte es wie eine Trophäe in das neue Domizil an der Spree, nicht ohne es zuvor mit einem goldenen Rahmen zu versehen, der von zwei schnäbelnden Tauben gekrönt wurde, dem Symbol ihrer Liebe, wie es einstmals im Brief geschrieben stand.

Nun wünschte Wilhelmine auch die Privilegien zu beanspruchen, die einen solchen Besitz auszeichneten, auch wenn diese sonst nur dem Adel zustanden. War sie nicht hervorgehoben, gewissermaßen nobilitiert durch die ausdrückliche Erlaubnis des Königs, dass der Prinz sie besuchen dürfe, wenn sie ihn nur von der Hauptstadt fernhalte? Wie genügsam und bescheiden, bis zur Dürftigkeit sie sein konnte, hatte sie bewiesen. Immer, wenn es die Lage erforderte, fände sie sich wieder dazu bereit. Doch nun hatte sich das Schicksal zum Besseren geneigt. Sie wünschte Steuerfreiheit auf ihrem neuen Besitztum. Sie war die Geliebte des Prinzen, das zeigte sie auch dem Magistrat auf sehr entschlossene Art.

»Sie weigere sich, die auf ihrem Hause haftenden Lasten abzutragen, und lasse jeden Steuerbeamten durch handfeste Bedienstete einfach auf die Straße setzen«, der Charlottenburger Magistrat war entsetzt – und hilflos. Denn sie hatte sich natürlich der Unterstützung des Prinzen versichert, und dessen Befehl, »die Demoiselle Enckin mit allen möglichen öffentlichen Lasten zu übersehen«, mochte sich auch kein Magistrat verschließen. Sie bekam obendrein einen Haushofmeister, jenen Rittmeister von Kleist, der für sie seinerzeit ein Gut in Sachsen kaufen sollte, was an der schlechten finanziellen Lage des Prinzen gescheitert war. Kleist nun führte für sie die Verhandlungen. Die künftige Madame setzte ihren Willen durch, die Kammer, die darauf gehofft hatte, dass sie vielleicht einlenken und doch noch zahlen würde, sah sich getäuscht. Wilhelmine genoss nach Kräften ihre neue Lage, fühlte sich zunehmend sicherer und mag nicht zuletzt auch auf die Hinfälligkeit des alten Königs gehofft haben, auf das absehbare Ende von dessen Regierungszeit. Als der Prinz über neue Mittel verfügte, nutzte sie diese umgehend. Was sie so lange entbehrt hatte, war ihr nun möglich. Mit vollen Händen gab sie zum ersten Mal Geld aus für Möbel, Kleider, Handschuhe. Das Leben war schön und sie voll des Überschwangs. Man hofierte, verehrte und bewunderte sie. Ein junger Italiener zum Beispiel, der hübsche Gualtieri wich nicht mehr von ihrer Seite, zeit seines Lebens wird der Rittmeister aus dem Süden für sie schwärmen, hoffnungslos, in stiller Ergebenheit. Erlag sie nicht doch dem Spiel dieser glutvollen Blicke? Ja, sie flirtete. Der Prinz war außer sich: »Aus Ihrem Brief mache ich zwei Schlüsse, nämlich, dass Sie so grausam als ein Geier das Leben und mein Herz aus dem Leib rauskratzen wollen, um mir schon auf Erden einen Vorgeschmack der Höllenpein zu geben, da Sie doch auf eine barmherzigere Art mich nach dem Dom [=Gruft] schicken könnten. Da Sie es aber einmal darauf angelegt haben, so könnte es ja durch ein Döschen Gift, in Tee oder Milch präpariert, geschehen, wenn ich nachhause bei Ihnen komme, um mir ein Vergnügen zu machen; oder wenn ich in Ihrem Bette ruhig schlafe, können Sie mir, gleich eine andere Macbeth, ein Schermesser an der Gurgel applizieren oder ein Kügelgen in den Kopf ! Das wären promptere und zugleich menschlichere Mittel zu Ihrem Ziel. Lassen Sie ja diesen Brief nach Ihrer löblichen Gewohnheit auf alle dische herum liegen, dass ihn die ganze Welt lieset ... tun Sie es ja, um noch einen Nagel mehr an meinem Sarge zu schlagen!«

Der Krach war in vollem Gange. Nun ja, auch der würde vergehen wie andere zuvor. Temperamentvoll waren sie beide. Angriffslustig und streitbar sie. Er, immer wieder einem unheilvollen Jähzorn ausgeliefert, neigte zu heftigen Ausbrüchen, die er dann beschämt mit Geschenken vergessen zu machen suchte. Musste sie ihn nicht besänftigend vor sich bewahren? Nein, nicht immer, denn auch sie kämpfte gern. Und erstmal schmetterte er seinen Unmut aufs Papier: »Zwanzigtausend Taler sind für Sie wohl nur ein Frühstück? ... Einige Tonnen Goldes wären nicht hinreichend für Sie. Erinnern Sie sich an Paris ... ich bin nicht geizig. ... Ich schrieb lange nicht, weil ich keine Lust hatte, meine Briefe zu des Herrn Rittmeisters Lektüre zu schicken!«

Mit Macht ließ er das Donnerwetter, nachdem es hereingebrochen war, wütend grollen. Doch er versuchte auch zu beschwichtigen. Wie es scheint, hatte nämlich auch sie wieder einmal Gelegenheit zur Eifersucht gefunden.

»Warum seind Sie so lange vernünftig gewesen, um sich an jetzo in einer solchen schändlichen Raserei zu stürzen? ... Da seind Sie wieder in den alten Fehler gerathen, alles blinderlings zu glauben, was ihnen Galgenschwengel weis machen und weiter auf keinem Vertrauen zu haben. ... Ich hätte nicht gedacht, dass eine Person, die ich so liebe, mich so außer mir bringen könnte ... Sie verjagen mir noch eher aus meinem Vaterland als der vermaledeite Gottseibeiuns.«

Sonst lebte Wilhelmine ruhig und ausgeglichen im Kreis einiger Vertrauter. Der Bankier Cohen, der Kriegsrat Müller, der Großkaufmann Schickler waren ihre guten Freunde, der Kommerzienrat Schmits, ein reicher Tuchfabrikant, den man bei Hofe den dicken Adonis nannte, spielte, sie vergötternd, den guten Onkel. Und sie spielte mit, wenn er, vor ihr niedersinkend um ein Zeichen ihrer Gunst bat. Verabredungsgemäß erschien einmal im selben Augenblick der Prinz wie ein polternder Überraschungsgast, glaubwürdig den Erzürnten gebend. Während der dicke Mann sich bemühte, wieder auf die Beine zu kommen, nahm der Prinz, formvollendet in seiner Rolle, die Gelegenheit wahr, ihm für »dergleichen verliebte Abenteuer« einen Krückstock Friedrichs II. zu schenken. Man vergnügte sich harmlos kindlich im Haus an der Spree. Unbeschwerte Zeiten. Immer wieder ein freudiges Ereignis, wenn der Nachen, der den Fluss herunterkam, am Steg festgemacht wurde, wenn das Klappern der Hufe auf der Holzbrücke die Ankunft des Liebsten ankündigten. Glückliche Stunden zu zweit.

Man tafelte gern, auch in geselliger Runde. Wilhelmine gefiel sich als Gastgeberin, sie gab kleine Abendgesellschaften und Soupers, ziemlich bescheiden, aber bei ausgelassener Stimmung. Später wird ihr Tisch als der üppigste in Berlin verrufen sein mit den angeblich ausgesuchtesten Delikatessen des Auslands. Dabei waren die finanziellen Verhältnisse noch immer etwas kritisch, sodass ihr der Prinz nicht mehr als drei winzige Juwelen schenken konnte, als er sie im Sommer 1778 zurückließ, um in den Bayerischen Erbfolgekrieg zu ziehen. Wie schon so oft: Unter Tränen nahmen sie Abschied. Wie schon so oft war sie untröstlich, den Geliebten entbehren zu müssen. Doch diesmal verklärte eine Hoffnung die lange, graue Zeit, die vor ihr lag. Fünf Monate später wird sie einen Sohn zur Welt bringen, ein gesundes, schönes, fröhliches Kind. Sie wird es auf den Namen Friedrich Wilhelm Moritz Alexander taufen lassen, während sein glücklicher Vater in der Ferne hastig die Feder eintunkt und über das Papier jagt. Viele Seiten mit Sätzen voll freudiger Ausrufezeichen. Ungeduldig zählt der Kronprinz die Tage, bis er Mutter und Kind in die Arme schließen darf.

Wilhelmine liest genau. Taucht nicht ein anderer, fremder Ton zwischen den Zeilen auf, ein Anflug von Düsternis zwischen den lebensfrohen Bekenntnissen? Liegt nicht ein Schatten über den Briefen?

Kapitel 6

Geisterseher

Nein, nicht nur Frauenschönheit bewegte sein Herz. Frühzeitig wurde der Thronfolger von Unruhe über sein Seelenheil zerrissen. Zweifel über metaphysische Dinge quälten ihn. Ganz anders als sein aufgeklärter Onkel, dem derlei Heimsuchungen völlig fremd waren. »Vor dem Priester, der ihn in der Religion unterrichtet, braucht er keine Ehrfurcht zu haben«, beschied Friedrich II. dem Heranwachsenden. Auf der Suche nach Zuspruch trat der Prinz sogar in einen Briefwechsel über die letzten Dinge mit Voltaire ein, doch auch der Philosoph vermochte keinen Trost zu spenden. Friedrich Wilhelm war davon überzeugt, dass sich nicht alle Dinge zwischen Himmel und Erde rational erklären ließen. Anfälle von Schwachheit und Melancholie überkamen ihn. Hatte er nicht schon früh in Shakespeare einen Bündnisgenossen gefunden, in Hamlet, der trotzig zu Horatio spricht: »Es gibt mehr Ding` im Himmel und auf Erden. Als Eure Schulweisheit sich träumt.« Auch sein Schicksal, dessen war er gewiss, würde von einer höheren Macht beeinflusst und gelenkt werden. Verführerisch wirkte der katholische Glaube auf ihn mit seiner Lehre von der allumfassenden Gnade Gottes. Noch als König, der zwar den Jesuitenorden in Schlesien verboten hatte, besuchte er auf dem polnischen Feldzug in Trebnitz 1794 die Heilige Messe, befolgte alle Regeln des Zeremoniells und schilderte dies als ein ihn zutiefst berührendes Erlebnis. Schon im Garten am Heiligen See, als er Wilhelmine unterrichtete, konnte er nicht nur das Glaubensbekenntnis, sondern ganze Litaneien aus der römisch-katholischen Liturgie auswendig hersagen, zur Freude Wilhelmines, die sich darin mit der Glaubensrichtung ihrer Mutter verbunden sah. Wäre Friedrich Wilhelm Katholik gewesen mit einem Beichtvater als direktem Draht zu seinem Gott, wäre er wahrscheinlich glücklicher geworden. – Von fremder Hand auferlegte Buße, welche Befreiung vom steten Aufruhr seines Gewissens! Wie leicht hätte er Rat einholen und die Absolution auch für seine sexuellen Wünsche erlangen können. Ein Religionswechsel kam jedoch nicht in Frage. Als Hohenzoller durfte er diesem Zug seiner Gefühle nicht folgen. Schließlich sollte er als König Oberhaupt der lutherischen und der reformierten evangelischen Kirche in Preußen werden.

Also suchte er Ersatz in einem anderen Ritus, der für ihn voller Geheimnisse war. Schon 1770 wandte er sich den Freimaurern zu, versprach der preußischen Mutterloge freundlichen Schutz, um ihr zwei Jahre später beizutreten. Doch auch hier fand er keinen rechten Trost, wie er bitter anmerkte, sodass er sich nach kurzer Zeit enttäuscht zurückzog.

Bald sollte der Prinz von Preußen aber in einem anderen Orden sein Heil entdecken. Schatzlar, eine Kleinstadt auf dem Weg zur böhmischen Grenze, wurde zu seinem Damaskus. Im September 1778 hatte er hier im Bayerischen Erbfolgekrieg mit einer Abteilung des preußischen Heeres Stellung bezogen und den Attacken der Österreicher so mutig widerstanden, dass Friedrich II. – längst ergraut und kriegsmüde geworden – sich über die Tapferkeit seines Nachfolgers überaus zufrieden zeigte. Spontan umarmte er ihn und, wie in einem Wunder, rief er aus: »Sie sind nicht mehr mein Neffe, sondern mein Sohn.«

Der lebensfrohe und unternehmungslustige Prinz schien in diesen Wochen verändert, plötzlich mied er das gesellige Leben, versenkte sich in Schriften und zog sich auffällig häufig zu Gesprächen mit ganz neuen Vertrauten zurück. Was hatte sein Verhalten so verändert, dass niemand meinte ihn wiederzuerkennen? Waren es diese Zusammenkünfte oder war der Prinz von Sorge erfüllt angesichts des in Berlin herannahenden Ereignisses? Tatsächlich, seine Gedanken weilten häufig bei der fernen Geliebten. Freudig, aber auch voller Furcht sah er der Geburt ihres gemeinsamen Kindes entgegen. Diesmal jedoch würde Gott ihren Bund der Liebe segnen. Das Kind würde am Leben bleiben. Nichts anderes hoffte – und glaubte er, auch wenn seine neuen Vertrauten seiner Gottesfurcht eine ganz andere Richtung geben sollten.

Als Friedrich Wilhelm eines Abends im Dämmer seines Zeltes saß – er war krank und fieberte –, fühlte er sich wie von Geister-

Johann Rudolf von Bischoffwerder (1741–1803), Rosenkreuzer und »Beichtvater« Friedrich Wilhelms. Stich von Henriette Félicité Tassaert nach Johann Heinrich Schröder, 1793

hand an der Schulter berührt, und er hörte eine überirdische Stimme. »Jesus«, flüsterte sie. Eine Erscheinung? Der Kronprinz war wie erstarrt und wagte nicht sich umzudrehen. Denn Gläubige, so hatte er erfahren, denen solch schicksalhafte Zeichen begegnen, haben demutsvoll und dankbar deren Wirkung nachzuspüren. So blieb ihm verborgen, dass hinter ihm nicht etwa der Heiland stand, sondern Herzog Friedrich August, ein glühender Rosenkreuzer, der mit Stimme und Hand den Erlöser gespielt hatte.

Im Innersten aufgewühlt, vertraute er sich den Männern an, die ihn zuvor schon in die Mysterien des Wunderglaubens eingeweiht hatten. Ganz besonders aber suchte er den Rat seines Vetters, eben jenes Herzogs mit dem Taschenspielertrick. Friedrich August von Braunschweig-Oels, Sohn von Karl I. von Braunschweig-Wolfenbüttel und Philippine Charlotte, Prinzessin von Preußen, war ein Mensch voller Widersprüche: Lieblingsneffe Friedrichs II., mit einundzwanzig Held eines tollkühnen Überraschungsangriffs im Siebenjährigen Krieg, den der König mit größtem Lob bedachte, Gouverneur von Berlin und Generaladjutant. Die Blitzkarriere eines Tatmenschen also. Von kleiner, verwachsener Gestalt, neigte er zur Spottlust, ätzte Karikaturen in Kupfer – war aber heimlich von Sehnsucht nach übersinnlichen Dingen erfüllt. Er wurde zum ersten Agenten, den der Orden der Rosenkreuzer, der sich soeben neu in Stellung gebracht hatte, auf den Thronfolger ansetzte. Bald würde ein anderer hinzutreten, Johann Rudolf von Bischoffwerder, der als Beichtvater des Prinzen nahezu unumschränkte Macht beanspruchte und damit begann, allmählich alles Weltliche aus dessen Herzen zu verbannen. Weltlich war des Prinzen Liebe zu

Wilhelmine. Und ketzerisch. Gottes Gnadenerweise würden ihm nur dann zuteil, wenn er sich künftig zu einem sittenstrengen, moralisch tadellosen Leben entschlösse. Denn die Geliebte erwies sich als Gefahr, die Geliebte musste ausgeschaltet werden.

Johann Christoph Wöllner (1732–1800), Rosenkreuzer und Innenminister unter Friedrich Wilhelm II. Stich von Johann Friedrich Schleuen, um 1780

Schatzlar war also das große Erlebnis, das den Prinzen zur Umkehr aufforderte. Fortan war er sicher, dass den Sinn seines Lebens nun nicht er, sondern ein anderer bestimmte. Mit jenem Vorfall wurde er ein zutiefst gottgläubiger Mensch. Diese uneingeschränkte, ganz naive Religiosität sollte auch später sein Handeln als Regent leiten. Er suchte Kontakt zu einer höheren Instanz, insbesondere zu seinem Gott, um Ratschläge und Anweisungen für seine Regierungsgeschäfte zu erhalten. Denn er trug schwer an der Last, als absoluter Monarch alles allein entscheiden und verantworten zu müssen.

Friedrich Wilhelm war ein Kind des Zeitgeistes, der sich im ausgehenden 18. Jahrhundert wieder dem Geheimnisvollen, Wunderbaren und dem naiven Glauben zuwandte. Offenbarungen, Wunderkuren und Lehren von den Geistern hatten Konjunktur gegen die »Nüchternheitsmenschen«. Schwarmgeister, von heiligem Ernst erfüllt, suchten träumerisch die Vereinigung mit einer überirdischen Macht. »Die Nachwelt wird es kaum glauben wollen«, schrieb der Historiker Johann Kaspar Friedrich Manso noch aus eigener Anschauung, »dass Zeichen- und Wunder-Sucht die Menschen so gewaltig in Friedrichs [II.] Tagen ergriff und loses Gaukelspiel auch die Vorsichtigen und Klugen bethörte ... Einige ... gaben sich der Erfindung des Steins der Weisen und der Veredelung unedler Erze hin. Andere meinten durch magnetisches Einwirken in die Körper die Kraft des Geistes zu erhöhn und ihm den Blick in die Zukunft zu öffnen. Noch andere riefen die Todten durch Beschwörungs-Formeln hervor und ließen sie Antwort geben auf die Fragen der Lebenden.«

Unter all den Geheimbünden der Zeit, den Mesmerianern, Kabbalisten, Somnambulisten, den Templern und den Anhängern des Cagliostro blühten auch die Rosenkreuzer im Verborgenen, um in Preußen zu einer unheilvollen Macht im Staate zu werden. Gegründet im 15. Jahrhundert, führten sie eine Existenz als in sich geschlossene Bruderschaft, die die Kirche zum Urchristentum zurückführen wollte und sich die Wohlfahrt in Staat und Gesellschaft auf die Fahnen geschrieben hatte. Ihr Stifter, Christian Rosencreutz, hatte von einer Wallfahrt zum Heiligen Grab aus Ägypten und Spanien gewisse Naturerkenntnisse der Araber mitgebracht, versuchte sich in der Kunst des Goldmachens und hinterließ ein Weisheitsbuch, von dem seine Adepten in Preußen behaupteten, es zu besitzen. Auch wenn man sich eindeutig auf die Seite des Luthertums stellte, so forderte man, eine Spielart des Pietismus, doch ein Christentum des Herzens und der Tat. Gleichwohl glaubte man an geheime Naturkräfte, an Mystik, Magie und die Macht von Geisterbeschwörungen. In den siebziger Jahren des 18. Jahrhunderts gingen die Rosenkreuzer eine Allianz mit den Freimaurern konservativer Prägung ein, die abweichend von der Richtung der Illuminaten wenig Geschmack an Aufklärung und Rationalismus fanden. In spiritistisch-okkultistischen Übungen verschworen sie sich zu einem elitären Zirkel, einem Mysterienbund. Ein undurchschaubares System der Ordenshierarchie, in der niemand den ihm vorgesetzten höheren Ordensgrad kannte, ganz zu schweigen von den imaginären Ordensoberen, bot ein dankbares Spielfeld für Gaukler und Betrüger. Woellner und Bischoffwerder, neben Herzog Friedrich August von Braunschweig-Oels die eigentlichen Initiatoren des Ordens, sollten später leitende Stellungen im Preußen Friedrich Wilhelms II. einnehmen.

Wilhelmine Encke mit ihrem Sohn Alexander von der Mark. Die Miniaturdarstellung von Jean Baptiste-François Carteaux befand sich auf dem Schreibtisch Friedrich Wilhelms II. im Pfaueninselschlösschen

Johann Christoph von Woellner, Pfarrerssohn aus Döberitz, wurde nach abgebrochenem Theologiestudium mittels falscher Altersangabe Pfarrer und Gutsverwalter zu Groß-Lehnitz im Havelland, verabschiedete sich von seiner seelsorgerischen Tätigkeit, um die Tochter seiner Gutsherrin, Gräfin Charlotte von Itzenplitz zu heiraten. Den Makel seiner niederen Geburt wünschte er durch den Erwerb eines Adelstitels zu beheben. Aber Friedrich schrieb auf das Gesuch: »Der Woellner ist ein betriegerischer und intriganter Fafe«, denn durch nichts anderes als Intrige konnte, so der König, diese »cruelle mesalliance« zustande gekommen sein. Von 1784 an unterrichtete Woellner den Thronfolger in Materien des friderizianischen Verwaltungssystems, dabei bereitete er mit Bedacht seine eigene Rolle als erster Berater Friedrich Wilhelms vor. Dies geschah hinter dem Rücken des Königs, der Woellner in hohem Maße misstraute. Während Woellner später als Minister Friedrich Wilhelms II. entscheidenden Einfluss auf die inneren Angelegenheiten erlangen sollte und die treibende Kraft im »Ersten Kulturkampf in Preußen um Kirche und Schule« wurde, war Bischoffwerder die graue Eminenz an der Seite des Thronfolgers.

Dank eines bezwingenden Wesens und seines gläubigen Eifers erlangte Bischoffwerder bald die angesehenste Stellung im Kreise seiner düsteren Brüder. Jahrelang leitete er auch den späteren König aus dem geheimnisvollen Dunkel. Die Stimme Gottes, durch ihn in Geheimsitzungen verkündet, fand bei Friedrich Wilhelm stets Gehör. Dieser absonderliche preußische Generalmajor erlebte nämlich Erscheinungen, fühlte sich von Unsichtbaren mit einer solchen Einbildungskraft umarmt, dass er sie mit beinahe hypnotischer Kraft auf andere zu übertragen verstand. Nachdem er sich von seiner Ehefrau getrennt hatte, verschrieb er sich ganz und gar der Keuschheit. 1780, nach dem Ende des Bayerischen Erbfolgekrieges, folgte er dem Prinzen nach Potsdam und nahm dort in der Nähe des Schlosses Wohnung »mit zwei Dienern und zwei Pferden«.

Doch noch befindet sich der Prinz in Schatzlar, am Ort seiner Bekehrung. Mitte Oktober wurde das Lager dort abgebrochen, Winterquartier bezog man in Schlesien. Friedrich Wilhelm begleitete den König nach Breslau. Dort sollte der soeben Erweckte in die hohe Schule der Rosenkreuzerbewegung eingeführt werden, deren erklärtes Ziel es war, den Thronfolger für den Orden zu gewinnen. Als Wilhelmine ihn im März 1779 besuchte, zwei Monate nach der Geburt ihres Sohnes, erkannte sie den Geliebten kaum wieder.

Er suchte Ausflüchte, leugnete die beobachtbare Veränderung und gab lediglich zu, dass er viele gute Gespräche mit weisen Männern führe, die ihn in eine Reihe von Geheimnissen eingeweiht hätten. Um welche Geheimnisse und um welche Männer es sich handelte, darüber schwieg der Prinz.

Wie enttäuscht er war, als sie auf seine Frage, ob sie nicht zuweilen wundersame, nicht-natürliche Stimmen höre, gelacht und geantwortet hatte, solche Dinge seien ihr fremd. Sie rätselte, was sich in Schatzlar wohl ereignet hat, ein geheimnisvoller Vorfall, so hatte er geschrieben. Mehr nicht. Und er wich weiterhin aus. Besorgniserregend. Denn niemals hatte er bislang etwas vor ihr verborgen gehalten. Weiterhin führte er Gespräche mit »außerordentlichen Männern«, die sie nicht sehen durfte. Aber auch sie traf er nur heimlich. Wie im Garten bei Ritz' Eltern. Zu kommen war ihr nur erlaubt, wenn er sie rief, auch wohnen durfte sie nicht bei ihm. Zuerst hatte sie furchtbar geweint. Doch der Geliebte blieb eisern. Wohin war dessen schwärmerischer Geist entschwunden? Wohin die Freude? Manchmal, das wusste sie, hielt sich lange ein blasser General bei ihm auf, dessen Briefe verbrannte der Prinz, kaum dass er sie gelesen hatte, ihr selbst gelang es nicht, etwas über deren Inhalt zu erfahren.

Ihre Ahnungen hatten sie nicht getrogen, unabweisbar die Erkenntnis: Ihre Liebe war ihn Gefahr.

Auch Hannes Ritz, der Gespiele ihrer Jugend, wunderte sich. Tagaus, tagein hatte er an der Seite seines Herrn geweilt, war eingeweiht in alle kleinen und großen Geheimnisse des Thronfolgerlebens, und nun hieß der ihn, aus dem Fenster zu springen, weil der überraschend aufgetauchte General nichts von der Anwesenheit alter Vertrauter bemerken sollte. Und weil sie geheime Unterredungen zu führen hätten.

Als Wilhelmine von Geisterscheinungen raunen hörte und gar davon, dass sich solche im Umkreis ihres Prinzen abspielten, wies Friedrich Wilhelm ihre Fragen zurück, Aufschlüsse dürfe er ihr nicht geben, sie verstünde nichts von diesen Dingen und ihm auferlegten Bindungen.

Die Gedankenwelt des Ordens überwältigte den Prinzen ganz und gar, sie wurde zu einer Macht, die alles in seinem Leben in Frage stellen sollte, auch und ganz besonders Wilhelmine.

Kapitel 7

Getrennt von Tisch und Bett

Sie wollte und konnte es nicht glauben, dass »auch bloße Freundschaft glücklich machen könne«. – So hatte der Prinz gesprochen. »Wie Bruder und Schwester« lagen sie jetzt im Haus an der Spree. Tränen, Bitten, nichts vermochte ihn umzustimmen. Er erklärte, den »genauen« und »engen« Umgang mit ihr aufgeben zu müssen. Zugleich aber beugte er vor: »Wenn ich mich je wieder ändern sollte, so wird es nie mit einer anderen als mit dir sein.«

Doch was kümmerte sie die Zukunft. Sie lebten heute, und heute hatte er sich von ihr abgewandt. Er habe darüber seine Prinzipien, und wenn er sterben sollte. Sie raste, sie schmeichelte, buchstabierte ihre gemeinsamen Geheimwörter, die Sommerwiese auf der Insel beschwor sie, die »grünen Vorhänge«, die er damals »bestellet« für das Bett im Häuschen auf märkischem Sand. Nichts erweichte ihn. Er blieb unbeugsam.

Dabei hatte nach ihrer Rückkehr aus Breslau alles so vielversprechend begonnen. Vergessen beinahe die Angst, der Geliebte sei einer finsteren Gewalt ausgeliefert, der Geliebte könne ihr entschwinden.

»Viel solider« geworden zu sein, hatte er versichert und »alles Flatterhafte und Legere aus meiner Denkungsart verbannt« zu haben und »wenn Sie mich so recht begreifen und kennen könnten, so würden Sie mir noch güter seindt als sonst, weil ich allen Wind abgelegt habe, mein Hertz war immer gut, aber ich war schon windig und habe dadurch sehr gegen Ihnen gefehlt. Gott wird mir schon die Gnade geben, dass ich noch in diesem Leben die Zeit haben werde, durch meine aufrichtige Liebe gegen Ihnen meine Fehler wieder gutzumachen.«

Ach, welche Fehler! Vergangen und vorbei. Der Vater erfreute sich an seinem Kind. Alexander – er nannte ihn zärtlich »Anderchen« – durfte am 4. Januar 1780 seinen ersten Geburtstag erleben.

Zwei Monate später wurde »Rikchen« geboren. Stolz hatten sie die Tochter auf ihrer beider Namen, »Friederica Wilhelmine Diderica«, und auf einen ganz eigenen, »Marianne«, getauft. Mutterfreuden, Vaterglück. Nichts hatten sie sich inniger gewünscht.

Doch dann trat der Umschwung ein, schlimmer als sie ihn in Breslau erleben musste. Schlimmer als es je zu befürchten stand.

Der Prinz wies sie zurück und lebte in Enthaltsamkeit. Doch damit nicht genug. Er musste den Verstand verloren haben. Der Prinz befahl ihr zu heiraten. Einen anderen Mann. Den Hannes Ritz. König Friedrich dränge, um das Decor zu wahren, auf eine eheliche Verbindung. Doch das war, so durfte sie erfahren, nicht der wahre Grund. Der lag in ihrem Geliebten selbst, unerschließbar verborgen für sie in der Tiefe seines Inneren. Er müsse sie von sich entfernen. Und wolle sie in seiner Nähe behalten.

Wilhelmine war außer sich. Wilhelmine kämpfte, warf ihm den Ring vor die Füße, den Ring, der einst ihren Bund besiegelt hatte, das Zeichen ihrer unverbrüchlichen Treue. Sie floh nach Falkenhagen, suchte Schutz in dem Haus unter den Kiefern. Vergebens. Des Prinzen Entschluss stand fest.

Wilhelmine beugte sich. Sie war klug genug, zunächst das Feld zu räumen. Ob sie wusste, dass ihre Zeit wiederkäme? 1782 erklärte sie sich bereit, ihren Jugendgespielen, den nachmaligen Geheimen Kämmerer und Tresorier des Thronfolgers, Johann Friedrich Ritz, zu heiraten. So begab sie sich mit dem künftigen Gatten aufs Land, der Prinz selbst nahm die Halbzeremonie vor, ließ sie die Ringe tauschen – und sie kehrte als Frau Ritz wieder nach Charlottenburg zurück. Eine gesetzlich gültige Trauung scheint aber nicht stattgefunden zu haben, da Ritz sich später ohne Schwierigkeit sofort von seiner »Gattin« trennen konnte. Wilhelmine selbst gibt in ihren Memoiren an, mit Ritz nie unter einem Dach gewohnt zu haben. Gleichwohl, es wurde eine Ehe ohne Liebe, aber eine Ehe mit Kindern.

Vor der Untersuchungskommission, die Friedrich Wilhelm III. im Januar 1798 gegen Wilhelmine Encke einsetzt zwecks Ermittlung ihrer angeblichen Untaten, schildert sie die Vorgänge jener Zeit so: »Plötzlich brach der Prinz alle (körperliche) Vereinigung mit ihr ab, und ob er sie gleich noch mit allem Feuer liebte, mehrere Monathe mit ihr zusammen schlief, berührte er sie doch nie, und beruhigte [sie] damit, dass Seine Seele diese Prüfung erfordere. Bald darauf schlug er ihr den Ritz zum Manne vor, verheiratete sie mit ihm in seiner Gegenwart, machte eine kleine Reise nach Berlin angeblich zum Prinzen Friedrich von Braunschweig, und kam nach Potsdam mit der Nachricht zurück, dass er nun entschieden sey, dass sie sich trennen müssten. ... Nach allem, was vorhergegangen, nach den unerklärbaren Äußerungen und Handlungen des Prinzen, der ihr selbst in einem späteren Briefe das Bekenntnis ablegte, dass diese Trennung sehr wider Seinen Willen, aus Gehorsam geschehen, und dass er diese Ursachen nicht entdecken dürfe, verbunden mit dem Geruche der Heiligkeit, den der von Bischoffwerder um sich verbreitete, bei der höchsten Opinion, den der Prinz von diesem Mann hegte, vor dem sich die Ritzen, sobald er kam verbergen musste, glaubte dieselbe folgern zu können, dass er zu ihrem Nachteil die Liebe des Prinzen in Freundschaft umzuändern gewusst, und ihre gänzliche Entfernung im Werke gehabt habe.«

Was Wilhelmine damals nur vermuten, aber nicht wissen konnte: An ihres Prinzen Seite war ihr ein überlebensgroßer Feind herangewachsen, der nichts anderes im Schilde führte, als seinen Herrn sich letztlich selber zu entfremden. Bei aller Panik – diese Ahnung löste ihre Tatkraft aus. Sie würde nicht nur auf der Hut sein, sie würde irgendwann zum Gegenschlag ausholen.

Vorläufig aber schickte sie sich in ihr Los. Bischoffwerder verfolgte unterdessen unbeirrt seinen selbstgestellten Auftrag, den Prinzen von der »sündigen« Liebe zu befreien. »Ich kann unmöglich an seiner Besserung zweifeln, denn sein Herz ist gar vortrefflich. Wir wollen fleißig für ihn beten«, schrieb er mit der Absicht, »einen zärtlichen Vater von der Liebe zu Wilhelmine als einem jungen Mädchen abzubringen.«

An Woellner berichtete er: »Gott zeigt unserm lieben Friedrich Wilhelm viel Gnade, er ... arbeitet mit Ernst an der Unterdrückung seiner sinnlichen Triebe und spricht mit soviel Wahrheit und Rührung von seinem inneren Zustande, dass ich mich der Freudentränen nicht enthalten kann.«

Der Prinz studierte nun nur noch älteste Kirchengeschichte, den Mystiker Jakob Böhme und Emanuel von Swedenborg, den Verfechter eines spirituellen Christentums, und er äußerte den Wunsch, in den untersten theoretischen Grad des Rosenkreuzertums aufgenommen zu werden. Selbst sein alter hochverehrter Lehrer Béguelin, tief beunruhigt über den Irrweg, den sein Zögling eingeschlagen hatte, vermochte ihn von diesem Entschluss nicht mehr abzuhalten.

Am 8. August 1781 trat Friedrich Wilhelm als Bruder Ormesus II. in den Orden ein. Woellner als Helikonus und Bischoffwerder als Farferus geleiteten den Erben der preußischen Krone, den Nachfolger Friedrichs II., des aufgeklärten »Philosophen auf dem Thron«, zum kerzenerleuchteten Altar. Er leistete den Eid ab: »Sich in der Furcht Gottes ständig zu üben, die Liebe des Nächsten vorsätzlich nie zu betrüben, die höchste Verschwiegenheit unfehlbar zu halten, in unverbrüchlicher Treue sich für den Orden zu erhalten«. Als Zeichen seiner Zugehörigkeit wurde ihm ein rechteckiges goldenes Plättchen an mohnrotem Seidenbande um den Hals gelegt.

Ein Jahr später erreichte Friedrich Wilhelm eine höhere Stufe in der Ordenshierarchie. Nun war er Weiser Meister, getragen von dem Versprechen, wenn er König und Magus zugleich sein würde, könne er alle Menschen in hohen Ämtern untrüglich auf ihre Zuverlässigkeit prüfen, daher die Unwürdigen entfernen, die Machenschaften feindlicher Regierungen durchschauen und im Krieg den Sieg gewinnen.

»Wichtiger als die künftige Thronbesteigung« war ihm dieser erhebende Augenblick. Der Enkel des Soldatenkönigs wähnte sich auf dem Weg zu seinen Vorfahren, zum einfachen, ernsten Christenglauben, wie ihn zum letzten Mal sein Großvater, allerdings ungleich nüchterner, vorgelebt hatte. Der »Gottlosigkeit«, die mit der Aufklärung Einzug gehalten habe, gelte der Kampf. Um den Kronprinzen unter ihren Einfluss zu bringen, setzten die Ordensoberen aber nicht nur auf düstere Rituale von bannendem Reiz. Sie machten sich auch seinen Hang zum Geisterglauben zunutze. Und sie schöpften aus dem Arsenal, dessen sich die höheren Stände, nicht minder begierig nach Wundern und Geistern, gern bedienten. Man zitierte aus dem eigenen Bildungshorizont. Ihre Geister stammten vornehmlich aus der antiken Welt. So auch jene, die Woellner und Bischoffwerder angeblich für den Kronprinzen auftreten ließen, in Potsdam, im Charlottenburger Schlosspark oder in der »blauen Grotte« im Schloss Marquardt am Schlänitzsee. Die französischen Gesandten Graf d'Esterno sowie Graf Mirabeau berichteten nach Paris, Friedrich Wilhelm habe »in der Gesellschaft von Illuminanten«, darunter dem Herzog von Braunschweig-Oels, »den Geist Cäsars citiert.« Es ist jedoch zweifelhaft, ob solche Nachrichten nicht nur den Klatsch der Zeit wiedergeben, zumal Gesandte einer fremden Macht niemals aus eigener Anschauung berichten konnten, da sie gar nicht in die Nähe des Königs vorgelassen wurden.

Feststeht, dass Friedrich Wilhelm die Einbildungskraft mancher Zeitgenossen, aber auch nachgeborener Dichter enorm angeregt hat, vielleicht mehr als es ihm selbst für sich gelingen mochte. So fabuliert sogar Fontane in den »Wanderungen durch die Mark Brandenburg« hundert Jahre später in schaurig schönen Bildern von Kerzen, die in goldbronzenen Wandleuchtern flackerten, von halb zurückgeschlagenen Gardinen vor einem düsteren, weiten Saal. Dort habe der einsame König den Wunsch ausgesprochen, die Geister Marc Aurels, des Großen Kurfürsten und des Philosophen Leibniz erscheinen zu lassen. Er sollte Fragen an die Verstorbenen richten, doch kein Wort brachte er »über die bebenden Lippen«. Dagegen »vernahm er nun seinerseits von den heraufbeschworenen Geistern strenge Worte, drohende Strafreden und die Ermahnung, auf den Pfad der Tugend zurückzukehren«; er rief mit banger Stimme nach seinen Freunden, »bat inständig, den Zauber zu lösen und ihn von seiner Todesangst zu befreien ...«

Ob der Thronfolger, außer in der Szene von Schatzlar, oder auch der spätere König tatsächlich Geister gesehen hat, echte oder vorgetäuschte, ist ungewiss. Zumindest hat er seinen Ordensbrüdern niemals von selbst erlebten Geistererscheinungen berichtet. Vielmehr beklagte er, derartiger Offenbarungen nicht teilhaftig zu werden. Er beneidete Menschen, die das von sich behaupteten, und er hätte sich glücklich geschätzt, selbst zu dem Kreis der »Begünstigten« zu gehören. Allerdings glaubte er fest daran, dass sein Handeln von höheren Mächten begleitet würde. Ständig war er auf der Suche nach Fingerzeigen überirdischer Erscheinungen, die er auch etwa ganz gewöhnlichen Geräuschen abzulauschen vermochte.

Mit dem Eintritt des Prinzen in den Orden aber, mit dessen Gelöbnis, war Bischoffwerder eine Macht gegeben, wie sie sonst nur ein Priester über sein Beichtkind ausüben kann. Wilhelmine sagte später: »Bischoffwerder wurde jedes Mal, wenn er bei dem König war, von einem Geist umarmt. Er erklärte das für eine Annäherung des hl. Geistes, und ebendeshalb hielt ihn der König für einen heiligen Mann.« Ihre Fragen über Bischoffwerder habe der Prinz strikt zurückgewiesen: »Über Bischoffwerder sagen Sie mir nichts«.

Zunächst holte der nun zu einem weiteren Schlag aus. Die Trennung des Prinzen von der Geliebten, von Tisch und Bett, schien nicht genug, auch nicht die erzwungene Verehelichung Wilhelmines. Mit unerschütterlicher Energie ging er dazu über, jede Art von ihn »schädlich dünkendem Nebeneinfluss« auszuschalten. Friedrich Wilhelm hatte auf die Geliebte ganz und gar zu verzichten. Das war er sich und dem Orden schuldig. Die »bewusste Person«, die »Ritz«, wie der General sie später ausschließlich nennen würde, musste verschwinden.

Wie er dabei zu Werke ging, schilderte er seinem Mitstreiter Woellner. Nach entsprechender Vorstellung seines Anliegens habe ihm der Thronfolger gesagt: »›Hier haben Sie meine Hand und mein Ehrenwort ... sie soll fort.‹ Nunmehr ging er mit mir in das Détail derer Arrangements und versprach mit ihr gleich über die Sache zu sprechen.« Allerdings scheint das Gespräch mit Wilhelmine nicht zu dem von Friedrich Wilhelm versprochenen Ergebnis geführt zu haben. Denn Bischoffwerder schrieb, nachdem der Prinz ihn des Abends erneut hatte rufen lassen: »... man sieht, dass Ihm das Mensch noch immer ans Hertz gewachsen ist, Sie hat sich sehr ungebärdig angestellt, convulsiones affectirt, geschrien, ... endlich aufgesprungen mit Ungesthüm einen Wagen verlangt. ... Ich antwortete darauf, dass es mir lieb sei, Ihm in dem Fall zu sehen, eine Probe seiner Standhaftigkeit ablegen zu können, und ermahnte ihn zu fleissigem Gebet um Beistand, zuletzt gab ich Ihm die Hoffnung, dass der On. [= Orden] Ihm durch diesen Entschluss und tugendliches Betragen seine besondere Zufriedenheit würde zu erkennen geben, worüber er ungemein vergnügt schien.«

»Vergnügt«? Die Stimmung kann nicht lange angedauert haben. Denn der Bruch mit Wilhelmine, die er nie zu verlassen gelobt hatte, stürzte ihn in die heftigsten Gewissensqualen, ein Zustand, den er mit dem Eintritt in die Bruderschaft doch zu mildern gehofft hatte. Nun war das Gegenteil eingetreten. Wich sein Dämon nur vor einem weit schlimmeren zurück? War das der Preis?

Hamburg oder Dessau – das war die Wahl, vor die der Prinz, zerknirschten Herzens, seine Geliebte stellte. Wenn sie sich auch bisher nicht so leicht ergeben hatte, so muss sie nun die Unhaltbarkeit ihrer Lage begriffen haben. Bestünde sie diese Probe nicht, so musste sie den Prinzen ganz verlieren. Also erklärte sie sich mit scheinbar eiserner Ruhe bereit, in die Verbannung zu gehen. Sie wählte ihre Geburtsstadt Dessau, wo noch Verwandte väterlicherseits wohnen sollten, und kalten Blutes versprach sie, den Prinzen nicht wieder zu sehen, bis er selbst den Wunsch verspürte, ihr wieder zu begegnen. Und sie bat sich, neben ihrem neuen »Ehemann«, zu ihrer Begleitung den Rittmeister Gualtieri aus – den einzigen Mann unter ihren Anbetern, gegen den der Prinz Spuren von Eifersucht gezeigt hatte. Am 24. Januar 1783, einem frostigen Wintertag, sammelte sie ihre Getreuen um sich, fieberkrank bestieg sie den Reisewagen – und ließ ihre Kinder beim Prinzen zurück. So hatte der es sich in letzter Minute gewünscht. Zu seinem Trost.

Noch 1793 erinnerte Friedrich Wilhelm II. seine Freundin an diesen kummervollen Augenblick: »Ich freue mich so herzlich über Ihnen, dass es Ihnen auch so ohngemein glücklich gehet; Ihnen, für die ich so sehr betete, als wir vor elf Jahren unsere nähere Verbindung aufhörten; ... ich durfte Ihnen dazumahl nicht anmerken lassen, wie sehr mir unsere Trennung schmerzte.«

Doch dann mochte er nicht mehr an sich halten, setzte sich über alle Verbote hinweg und vertraute diesen Schmerz seiner eiligen Feder an.

Kaum in Dessau angekommen, wo sie Quartier in der Kavalierstraße nahm, gegenüber dem Palais eines ihrer Paten, des Prinzen Eugen, warteten Briefe auf sie, Briefe aus Potsdam. Unterzeichnet hat sie, wie in vergangenen schöneren Tagen, »Ihr getreuer Romeo«. Gerade war Wilhelmine abgefahren, schon schrieb er und berichtete freimütig, was ihn bewegte. Die Dunkelmänner waren weit, ganz nah hingegen war die Geliebte in der Ferne: ».... da [Anderchen] mich heute heftig weinen sah, als ich von Ihnen sprach, sah er mich starr an und wurde ganz still ..., so geht alles mit mir herum und mein Herz will zerspringen, ... mein Herz, das ganz voll von unserer Trennung ist, habe [ich] erleichtert und meinen Gram ... dem alten braven Beguelin gesagt. Der gute alte Mann hat Ihre Festigkeit und Standhaftigkeit sehr gelobt. Er hatte von Ihrer Reise gehört und glaubte, wir liebten uns nicht mehr, und da er heute von mir das Gegenteil erfuhr, so wurde er bis zum Weinen gerührt. [Ich] danke auch vielmals für das kleine liebe Kissen, es schläft alle Nächte mit mir in meinen Armen.«

Kein düsterer Ordensbruder lugt hier zensierend durch die Zeilen. Kein gewissensschwerer Zwischenton. Was für ein reizend empfindsamer Liebhaber der Prinz doch sein kann, wenn ihn nichts an sein Gelübde erinnert, an das mohnrote Band. Sogleich schlägt er eine Geheimschrift vor, damit Hannes Ritz nichts lesen kann, und er plaudert ausgelassen, wie Anderchen Modell gesessen hat, wie er, um ihre Abwesenheit zu ertragen, gemalt hat, »chinoise Wandschirme mit Vögeln und Schmetterlingen« habe er für sie bemalt. Auch der Ritz, »mein guter alter Freund und Camerad« bekäme einen solchen. Außerdem: Den Punschel'schen Weinberg hat er erworben. Ob sie ihn vor sich sieht, den sanft geschwungenen Hügelrücken, davor der See. Dorthin blickten sie, wenn sie von den Büchern aufsahen, damals im Ritz'schen Garten. Am liebsten würde er dorthin ein Schloss bauen, sein Schloss, wenn er König wäre. Er stellt sich vor, wie die Krähen, die gerade ihr Nachtlager in den Bäumen nahe der Spree aufgeschlagen haben, sich gewiss alsbald mit denen in der Dessauer Kavalierstraße vermählen würden. Boten aus der Heimat zu Wilhelmines Freude. Und er gesteht, es nicht übers Herz zu bringen, das Kind auch nur eine einzige Stunde seinem Erzieher zu überlassen. Denn er würde es schon vorher vermissen: »Mein liebes Anderchen hat seit ihrer Abreise alle Tage bei mir gegessen ... er hat meine alten Kosakenpfeile und Bogen bei mir

Alexander Graf von der Mark (1779–1787), gemeinsamer Sohn Wilhelmine Enckes und Friedrich Wilhelms II., der Liebling seines Vaters, starb überraschend im Alter von knapp neun Jahren an »Gallenfieber«. Das Gemälde entstand um 1785

ausfindig gemacht und auch den Kandschu, und da ist er ganz außer sich über diese Sachen gewesen ... Er spricht oft von Ihnen ... und da er hörte, dass ich Ihnen schreibe, so bestellte er ... Komplimente für Mama und ... dass er artig wäre, aber auch, dass er hätte ins Bett gepisst. Über das neue polnische Röckchen hat er sich sehr gefreut ...«

Ein rührend zärtlicher Vater mit ausgeprägtem Spieltrieb und Hang zur Häuslichkeit. Wie mussten solche Briefe auf die Mutter in ihrer Verbannung wirken, die alle drei, die ihr die Liebsten waren, heiß entbehrte, die Mutter, die wieder schwanger war, diesmal von Ritz.

Wilhelmine erkrankte lebensgefährlich. Kurz nach der Geburt starb das Kind. Das »ohngetaufte Söhnlein des Kämmerers« wurde am 11. April 1783 in die Totenliste von Sankt Georg zu Dessau eingetragen. In großer Sorge eilte Ritz nach Potsdam: Wilhelmine müsse nach Charlottenburg zurück, sie sterbe sonst. Zur Überraschung aller hatte Woellner ein Einsehen. Oder verstand er sich nur auf größere Raffinesse? Jedenfalls versuchte er die Rückkehr Wilhelmines aus Dessau zu veranlassen, weil, wie er plötzlich meinte, man schwerlich den Vater von der Mutter seiner Kinder trennen könne. So würde er den Thronfolger dauerhaft zu Dank verpflichten. An Bischoffwerder schrieb er: »Ormesus wird mit ihr nicht mehr sündigen. Warum soll er so schrecklich leiden? Die Person hat ihre Strafe ausgestanden; soll sie nie wieder Pardon erhalten? Der Herr [Prinz] ist fester im Glauben als wir glauben, und Gott wird ihn nicht verlassen, weil er gewiss etwas Gutes mit ihm vorhat. Lassen Sie die gute Person in Gottes Namen wiederkommen. Der Prinz wird daraus ersehen, dass der Orden lauter Liebe sei.«

Aber der strenge Asket mochte nicht mit sich reden lassen: »Nein, darin kann ich nicht willigen, und sollte der uns so liebe Ormesus auch noch einmal so viel leiden ... er wird schon überwinden.« Doch diesmal gingen seine Worte ins Leere. Am 31. Mai kündigte Wilhelmine ihre Rückkunft an. Der Versuch, sie von ihrem Geliebten für immer zu trennen, war kläglich gescheitert. Was vermochten schon 120 dunkle Tage gegen siebzehn Jahre innigster Trautheit? Stürmische Jahre, voll von heftigen Anfechtungen, voll reinen Glücks? Wilhelmine kehrte schwerkrank, doch im Triumph nach Charlottenburg zurück. Der Prinz empfing sie mit Alexander und Rikchen an der Hand: »Nun ist alles überstanden, nun können wir zusammenbleiben.«

Dann schickte er ihr zum ersten Mal Bischoffwerder, den er für einen rosenkreuzerischen Heilkünstler hielt, ans Lager. Der drückte ihr ein Medizinfläschchen in die Hand. Ein Wundermittel von ihrem ärgsten Feind? Sie warf es weg.

Vorläufig hatte sie gesiegt, doch nicht ohne Bedauern blickt sie in ihren Memoiren auf jene Jahre zurück, von denen »... an alles physische Amüsement ein Ende hatte, und jene vertrauteren Verhältnisse sind nie mehr zwischen uns eingekehrt. Bloß die geistige Liebe und das Vertrauen der Freundschaft blieb übrig, und diese waren so fest, dass selbst die Feinde derselben sie durch eine halbjährige Trennung nicht auszurotten vermochten.«

Nur scheinbar herrschte Atempause. Der Kampf würde weitergehen. Und Wilhelmine, ganz anders als zuvor, die Wahl der Waffen bestimmen.

Kapitel 8

Zur linken Hand

Endlich Ruhe! Kein Störfeuer von der Front der Dunkelmänner. Keine neuen Maßregeln aus Potsdam. Wilhelmine war dem Leben wiedergewonnen, sie erholte sich schnell, und sie nahm ihre alten Gewohnheiten wieder auf: ab und zu eine kleine Geselligkeit, der gute Schmits überraschte sie mit Geschenken, und wie vor der unseligen Wende pflegte der Prinz mit Genuss bei ihr zu soupieren.

Kinderlachen schallte durch den Garten an der Spree. Marianne, ein wildes, ungebärdiges Kind, zeigte das Temperament ihres Vaters. Alexander aber wurde seiner schönen Mutter von Tag zu Tag ähnlicher, was der Prinz entzückt vermerkte, nur den lockigen Blondschopf hatte er von seiner süddeutschen Großmama geerbt. Sah er nicht aus wie ein barocker Engel? Tollte da nicht ein liebreizender Putto über preußischen Rasen?

Da traf eine überraschende Nachricht aus Sanssouci ein. Der große Friedrich zeigte sich bei aller Verhärtung seinem Nachfolger gegenüber ein weiteres Mal generös. Wie damals, als er Wilhelmine mit einem offiziellen Wohnsitz ausgestattet hatte, schickte er sich erneut ins Unvermeidliche. Der König belohnte offenbar Beharrlichkeit. Am 25. Januar 1786 erhob er die beiden illegitimen Kinder seines Neffen in den Adelsstand. Von nun an hießen sie Graf und Gräfin von der Mark, besaßen ein Wappen und, auf dem Papier, eine respektable Ahnenreihe. Irgendwann würden sie bei Hofe eingeführt werden.

Das Glück schien beinahe vollkommen. Wenn nicht ein Schatten über das Familienidyll an der Spree gefallen wäre. Nicht vom Orden kam er diesmal, dessen Eid, sich Wilhelmines zu enthalten, der Prinz weiterhin eisern befolgte. »Den [heiligen] Schutz zu bekommen«, schrieb er im Rückblick, »den Sie, liebe Freundin, haben, und den ich so sehnlichst über Ihnen erbetete, wann Sie ganz ruhig ins gute Charlottenburg schliefen und sich gewiss nicht vermuteten, dass [solch Beten] neben Ihnen vorging. Die muss ich nun verlassen, dachte ich, Dir, lieber Gott, übergebe ich sie, verlass Du ihr nicht!«

Diesen heiligen Schutz – vor seiner Berührung – hat er offenbar nur für die Geliebte erbeten und erbetet. Für andere nicht. Auch unter dem Schirm der Ordensbrüder war sein stetes Streben nach Seelenheil nicht gegen etwaige Abirrungen gefeit. Seine neue Versuchung lag im Norden, sie zog ihn ins Schloss der Königin nach Niederschönhausen, zu Elisabeth Christine, der von König Friedrich verschmähten Gattin. Dorthin entschwand der Prinz immer häufiger. Seine Tochter Friederike aus erster Ehe, eine munteres Mädchen mit lustigen Augen, hielt sich gern bei ihrer Großtante auf. Er »schnitt ihr die Cour« und verwöhnte sie inmitten eines Kreises zwitschernder Hofdamen. In Wahrheit aber suchte er eine andere: »Julie gefällt dem Prinzen mehr als mir lieb ist. Er spricht viel mit ihr: ich fürchte, sie ist nicht unempfindlich für seine Bewunderung, und sie wird durch ein solches Gefühl nur sich selbst unglücklich machen.«

Julie war siebzehn, stammte aus dem Hause Buch bei Berlin – und sie war die Nichte der Oberhofmeisterin von Voss. Die war hoch beunruhigt, denn sie erinnerte sich lebhaft ihrer eigenen unseligen Geschichte vor gut vierzig Jahren. Damals war ihr der Kronprinz – der lange verstorbene Vater Friedrich Wilhelms – zugeneigt. Aber ohne jede Aussicht auf Erfüllung. Denn der Prinz war verheiratet und sie nicht willens, ihn zu erhören. Geliebte oder Mätresse sein? Niemals!

Was sich 1745 zugetragen, soll sich nun 1784, eine Generation später wiederholen? Sie würde die Tochter ihres Schwagers, Julie von Voss, vor einem ähnlichen Schicksal bewahren.

Sie sprach mit dem Prinzen. Hatte sie sich doch in Magdeburg, als der Hof während des Siebenjährigen Krieges aus Berlin geflohen war, des charmanten sechzehnjährigen Jünglings in mütterlicher Fürsorge angenommen. Sie hatten getanzt, Theater gespielt, waren geritten. Seither, so meinte sie, höre er auf sie: »Ich hatte eine lange Unterredung unter vier Augen mit dem Prinzen; ich hielt ihm sein Unrecht vor, Julie mit seiner Leidenschaft zu verfolgen; ich sagte ihm, dass er sie dadurch nur unglücklich machen werde ... er müsse dieser Sache ein Ende machen, ... und er gelobte es mir.« Doch er schien sich nicht auf Dauer an die Verabredung gehalten zu haben: »Der Prinz kommt ewig zur alten Königin ... und ich weiß, das alles geschieht doch nur wegen Julie ... Man müsste sie ganz vom Hofe entfernen.« Man nannte sie Ceres, wie die Göttin der Fruchtbarkeit, des Sommers und des Ackerbaus. Doch sie hatte nichts von Üppigkeit und Fülle. Warum er sie begehrte, ist, wenn man Urteilen von manchen Zeitgenossen, französischen Memoirenschreibern etwa, folgen möchte, rätselhaft: »Fräulein Voss besitzt einen gewissen natürlichen Verstand und einige Bildung ... sie bemüht sich, ihr hervorstechendes linkisches Wesen durch den Anschein von Naivität zu verbessern. Sie ist hässlich in hohem Grade, Grazie hat sie nicht, sie hat nur den Teint des Landes ... Sie besitzt eine schöne Büste.« Mirabeau gab sich keine Mühe, seine Missbilligung zu verbergen. Der Grund? Er war gekränkt. Fräulein Voss verneigte sich kein bisschen vor dem savoir vivre der Franzosen. Sie bevorzugte den englischen *common sense*. Mit Vorliebe sprach sie Deutsch und Englisch, was dem Prinzen zweifellos gefiel. Aber auch Dampmartin, ein homme de lettre und Hauslehrer in adligen Häusern, fand die junge Dame nicht besonders hübsch, dafür aber sanft und anständig. Andere hingegen schildern sie als eine Schönheit, wie von Tizian gemalt, schlank, von marmorner Blässe, mit reichem rötlichblondem Haar.

In einem allerdings dürfte der französische Geheimagent richtig vermutet haben: »Ihre Vestalinnenstrenge hat [ihn] verführt.« Mehr als drei Jahre dauerte sein Werben um die sanfte Spröde. Mehr als drei Jahre lag er im Hader mit seinen Gewissenszweifeln, wohlwollend gestützt aber von den Ordensbrüdern, die diese Verbindung allemal der mit »der unbeugsamen Ritz« vorzogen. In dieser Zeit muss es zu einigen geräuschvollen Szenen zwischen dem Prinzen und Wilhelmine gekommen sein. Auch wenn Mirabeau sie überliefert – dürfen wir sie wohl trotzdem glauben.

Selbst die Gemahlin Friedrich Wilhelms, die sich bislang unaufgeregt in ihr Schicksal gefügt hatte, schien über die Lage der Dinge nicht erbaut, wie die Oberhofmeisterin ihrem Tagebuch anver-

Julie von Voss (1766–1789), Gräfin Ingenheim; erste morganatische Ehefrau Friedrich Wilhelms II. Stich von Johann Friedrich Bolt, um 1787

traute: »Der Prinz hat ein sehr unangenehmes Leben in seiner Häuslichkeit, die Prinzessin ist sehr unartig mit ihm.« Das war nicht immer so. Der preußische Generalleutnant Friedrich August Ludwig von der Marwitz schrieb über die Verbindung: »Dass der König mit seiner Gemahlin so gut zu leben trachtete, wie es möglich war, bewiesen die sechs Kinder, die er mit ihr gezeugt hatte.« Friederike Luise, die unscheinbare Frau, die immer im Schatten der schönen Wilhelmine stand, schien sich ein für alle Mal ihrer ehelichen Pflichten entledigt zu haben. Nach der Geburt des letzten Kindes versagte sie, wie es heißt, ihrem Mann die Gemeinschaft. Sie fand, sie hätte ihre Rolle zufriedenstellend erfüllt.

Mit ihrer großen Rivalin teilte sie ein gemeinsames Los. Auch sie scheint in der Hofgesellschaft nicht beliebt gewesen zu sein. Sonst hätte derselbe Generalleutnant etwas freundlicher über sie geurteilt und nicht in ihrem »seltsamen« Wesen den Grund für die »ausschweifende Sinnlichkeit« des Prinzen gesucht. »Sie sah Gespenster und Geister, schlief bei Tage, wachte bei Nacht, hatte immer zu große Hitze, so dass sie nachts im Sommer und Winter im Hemde am offenen Fenster saß, wurde vor ihrer Zeit hässlich und krumm, so dass sie sich erst einige vierzig Jahre alt, schon den Kopf mit der Hand in die Höhe halten musste, wenn sie jemanden ansehen wollte.«

Nach ausführlicher Bedenkzeit erklärte Ceres sich bereit, den Prinzen zu erhören. Ihre Entscheidung mag dadurch erleichtert worden sein, dass der unterdessen den Thron bestiegen hatte. Allerdings akzeptierte sie nur ein legalisiertes Verhältnis mit ihm, eine morganatische Ehe. In Glaubenssachen äußerst penibel, holte er, um sein Gewissen zu entlasten, zuvor ein geistliches Gutachten ein. Nein, leichtfertig ging der Prinz seine Heirat nicht an. Der einfallsreiche Theologe Woellner fand heraus, dass das Allgemeine Landrecht solch ein Verfahren »zur linken Hand« gestattete. Als »einziges Hilfsmittel wider einen jedem Gott missfälligen Wechsel [der Liebschaften]«. Die Rosenkreuzer zeigten sich plötzlich erstaunlich willfährig. Die Hofprediger beruhigten sich ausdrücklich mit der Erinnerung an die von Luther persönlich gebilligte Doppelehe Philipps von Hessen.

Doch knüpfte die junge Braut noch zwei weitere Bedingungen an ihre »Kapitulation«. Die Königin hätte zuzustimmen, was diese bereitwillig tat, wenn der Gemahl ihre Schulden tilgte. Für sie war die dem König zur linken Hand angetraute Ehefrau nichts weiter als eine gewöhnliche Mätresse. Schließlich blieb sie die Königin.

Noch hätte die Eheschließung jedoch scheitern können. Die letzte Bedingung lehnte der König nämlich rundweg ab. Seine künftige Gemahlin verlangte, dass er Madame Ritz mit ihren Kindern nach Ostpreußen schicke. »Der Prinz tut mir leid; aber trotz seiner Leidenschaft für Julie macht er sich doch von der Liaison mit seiner sogenannten Freundin nicht los.«

Wohl wahr! Die Oberhofmeisterin hatte noch nie einen Hehl aus ihrer Verachtung für »die Ritz« gemacht. Unauffällig ließ sich darunter ein anderes Gefühl verbergen, Neid auf das, was keinem sonst geglückt war. Zwanzig Jahre lang übte diese Person nun schon dauerhaft Einfluss auf den Prinzen aus. Höchste Zeit, dass eine neue Ära begann.

Am 26. Mai 1787 vollzog Hofprediger Johann Friedrich Zöllner in der Charlottenburger Schlosskapelle die Trauung. Kurz danach erhob der König seine Gemahlin zur linken Hand in den Grafenstand – sie nannte sich nun Gräfin Ingenheim. Nach der Geburt ihres Sohnes im Januar 1789 erholte sie sich nicht mehr und starb zwei Monate später an der Schwindsucht. Eine Marmorvase auf einer Lichtung im Neuen Garten zu Potsdam erinnerte an die Frau, die Friedrich Wilhelm so geliebt hat, dass er sich diesen verschwiegenen Winkel für sich zum letzten Ruheplatz wünschte – ein Wunsch, der nicht erfüllt wurde.

Noch lag Julie nicht in der Familiengruft in Buch, als sich schon der Hofklatsch erhob. Wahre Gräuelmärchen von einer Vergiftung durch »die Ritz« machten die Runde. Mitten in der Oper habe sie der Gräfin mit verdächtiger Hast ein Glas Limonade gereicht ... Dem trat der König entgegen und ordnete die Obduktion an. Gift fand man nicht, wohl aber eine von der Tuberkulose zerstörte Lunge.

Frau Ritz nahm sich unterdessen des verwaisten Söhnchens an, des kleinen Ingenheim, und erzog ihn mit ihren Kindern. »Ihre kleinen Waisen – [Ingenheim und der kleine Brandenburg] – kommen morgen nach dem Neuen Garten«, schreibt sie dem König um 1792, »Wilhelm freut sich darauf wie ein alter Mensch ... Er ist gut und fromm wie ein Lamm und weint, wenn er zu mir kommt und ich nicht gleich da bin. Er heißt mich Mama, nimmt mich bei der Hand, führt mich zu Ihrem Porträt und lacht und tanzt. Ich sage Ihnen meine Meinung gerade heraus über alles, was ich denke, und da muss ich gestehen, dass der liebe Kleine mir so nahe gehet, keine Mutter zu haben; ich weiß nicht, ob Sophie Bethmann [des Königs neuer Flirt] ihn lieben wird. Das wäre schrecklich, wenn das liebe Kind nicht so gehalten würde, als es sein soll.«

Bereitwillig und gern übernahm Wilhelmine Mutterpflichten, mit weitaus weniger Ausdauer und Anteilnahme aber vermochte sie die Rolle der Ehefrau zu spielen.

Kapitel 9

Ein märkischer Cupido

Johann hieß er, Hannes sagte der Prinz zu ihm. Wilhelmine wählte die knappe Form. Sie nannte ihn Hans. Ritz war und wurde nicht der Mann ihrer Träume. Der war einstweilen entschwunden, davon geritten über die niederen Anhöhen, um einer ätherischen Schönheit zu opfern. In Rötlich-Blond.

Johann Friedrich Ritz, Geheimer Kämmerer und »Scheinehemann« Wilhelmines seit 1782

Wilhelmine arrangierte sich. Wilhelmine war eine Pragmatikerin. Aus der Zwangsehe machte sie ein Zweckbündnis. Die Zeichen dafür standen eigentlich nicht so schlecht. Darauf hoffte auch der Prinz, als er mit pochendem Gewissen nach Dessau schrieb, er »... sehe Ihre Heirath als eine Schickung des Allerhöchsten an, zum Glück ist mir Ihr Mann so genau bekannt, dass ich sicher bin, dass er mit seinem Willen nicht gegen Ihr Glück beitragen wird, und kenne sein Herz für gut, dieses beruhiget mir.« Sein Herz hatte sich ihr zwar noch nicht erschlossen, aber Ritz war kein Fremder, schließlich kannte sie ihn beinahe so lange wie den Prinzen. Seit den Tagen, als er sie, ein märkischer Cupido, auf jene wilde Insel in der Havel gerudert hatte, tat er Dienst bei seinem Herrn, überbrachte ihr dessen Botschaften und Geschenke. Getreu hütete er über viele Jahre das Geheimnis von ihrer und des Prinzen großer Liebe. Ritz war verschwiegen. Auf Ritz war Verlass. Mehr als ein einfacher Kammerdiener hatte er nach und nach das Vertrauen seines Herrn gewonnen, wenngleich er darüber niemals mit Wilhelmine hätte in Wettstreit treten dürfen. Denn Wilhelmines Stellung war und blieb unangefochten.

Ritz kleidete sich elegant, war in seinen mittleren Jahren durchaus eine stattliche Erscheinung, und genau wie sie besaß er, was dem Prinzen mitunter fehlte: Selbstvertrauen. Und ebenso wie sie hatte er mit Geistererscheinungen und Geheimwissenschaften nichts im Sinn. Wie der Prinz war auch er frühzeitig den Freimaurern beigetreten, doch den Rosenkreuzern stand er höchst misstrauisch gegenüber. Im Gegensatz zu Wilhelmine aber befand er sich stets in deren Nähe. Denn als der Prinz den Thron bestieg, avancierte er auf Wunsch des nunmehrigen Königs zum »Kämmerer meines Hauses und meiner Schatulle«. Zuständig *pour les plaisirs, soit de la table, soit des femmes,* nahm Ritz immerhin die zweite Stelle am Hof hinter den Günstlingen höheren Standes ein. Wenn allerdings Bischoffwerder und Woellner erschienen, musste Ritz sich entfernen. Täglich in der unmittelbaren Umgebung des Königs, traf er mit allen zusammen, die von diesem etwas wünschten oder empfingen. »Fast alle öffentlichen Angelegenheiten« Seiner Majestät »sind durch meine Hände gegangen«, sämtliche Briefe – außer denen von und an Wilhelmine. Stunden verbrachte der König regelmäßig mit seinem Cammerier, um auch die baulichen Belange seiner Schlösser und Gärten zu besprechen.

Ritz genoss die Autorität, bisweilen in des Königs Namen zu handeln. Entsprechend wurde er gefürchtet und umworben. Selbst Woellner umschmeichelte ihn. Doch er galt als stolz und unbestechlich. In der Welt des Hofes, in der nur Träger eines Adelsdiploms Ansehen genossen, beharrte er, sonderbar genug, auf seinem bürgerlichen Stand. Auch dieser Zug mag den Gärtnersohn mit der Musikertochter verbunden haben, die ganz zuletzt erst – der Prinz war schon lange König – sich den Adelstitel wünscht.

Es war der Schweizer Emigrant Anne-Henri Dampmartin, der mit unverhohlenem Lob dem Kammerdiener Ritz seinen Bürgersinn bescheinigte: »Es gefiel ihm, hochmütige Gestalten, die sich ihm näherten, in Verlegenheit und Verwirrung zu setzen. Aus einer Eigenliebe, die dem Stolz seiner Seele entsprang, trat er mit einer Art Bosheit unter die Augen der Großen, die ihn zu gewinnen suchten, obgleich das Geschick ihn fern ihrer Höhe geboren sein ließ. ›Ew. Exzellenz oder Ew. Hoheit‹, sagte er, ›ehren den Sohn eines armen

Gärtners zu sehr, der keine anderen Anrechte auf soviel Gütigkeiten hat, als die Liebe und Erkenntlichkeit, die er gegen seinen hohen Herrn hegt.‹« Als Wilhelmine 1796 zur Gräfin wurde, wollte der König offenbar auch Ritz zum Grafen machen. Aber: »R. hat einen Abscheu dafür!« Und der selbst schrieb: »Deinen Wunsch, gute Frau, in Erfüllung zu sehen ... ist auch mein Wunsch, nur um alles in der Welt muss ich nicht dabey seyn.«

Dann aber war er doch empört, dass sie seinen Namen ablegte und fortan Gräfin von Lichtenau hieß.

Ihre Scheinehe mit Ritz, dem ergebenen Mitwisser, führte Wilhelmine fünfzehn Jahre lang, bis zu Friedrich Wilhelms Tod. Ritz sagte zu ihrer Zwangsheirat später: »Meine Verheyrathung geschah ohne Neigung, bloß auf Befehl«, fügte aber hinzu, »dass sich die Liebe hinterher fand.« Denn er fühlte die befohlene Liebe offenbar wirklich. Wilhelmine nicht. Sie empfand bestenfalls Sympathie, und wie in jedem vernunftgesteuerten Bund, fehlte mitunter auch die. Wenn es Streit gab, schrieb sie an Ritz: »Freilich kann [ich] Dein patziges Wesen nicht vertragen, und Du als Mann musst nachgeben. Du wirst sagen, das ist wider alle Ordnung, aber ich finde es so Recht.«

1785 brachte Wilhelmine, »auch wenn es nicht mein eigener Wille war«, einen zweiten Sohn zur Welt, Friedrich Wilhelm Ritz. Sie gab ihm den Namen des Geliebten, der nur der Pate und nicht der Vater war. »Lelle« wurde der Knabe gerufen, er nannte den König, der ihn sehr mochte, »Lieber Pathe«, duzte ihn wie selbstverständlich und wurde zusammen mit Wilhelmines Kindern Alexander, Marianne und später mit den Söhnen der Gräfin Ingenheim und der Gräfin Dönhoff erzogen. Sie hielt ihn, wie alle anderen auch, zum eifrigen Briefschreiben mit dem König an. Der freute sich über Kinderpost.

So schickte Friedrich Wilhelm Ritz am 17. September 1793 Glückwünsche aus Charlottenburg an den König, der sich auf dem Feldzug in Frankreich befand: »Lieber Pathe! Ich gratuliere zum Geburtstage ... Und dass Pathe die Franzosen möchte glücklich schlagen und dass Pathe ja nicht möchte die Bataille verliehren; ich bin Dein treuer kleiner Untertan F. W. Ritz.«

Wilhelmine selbst allerdings unterschied Dritten gegenüber genau zwischen den verschiedenen Sprösslingen: »Ich fand sie auf dem Divan sitzend ...«, erzählt ein Besucher aus Wien in seiner Lebensbeschreibung; der Komponist August Karl Ditters von Dittersdorf, der an die fünfzig Opern geschrieben hatte und noch dazu ein gefeierter Violinvirtuose war, der mit Haydn und Mozart Streichquartett gespielt hatte: »... neben ihr ein Mädchen von etwa 12 Jahren, und vor ihr stand ein Knabe von 5-6 Jahren, mit dem sie schäkerte. ›Das ist meine Tochter‹, sagte sie sogleich, ›die ich vom König habe, die Gräfin von der Mark; und dieser da ist mein Sohn, von meinem Mann.‹«

Das aber hinderte sie nicht, ihre Vorlieben nach eigenem Gutdünken zu verteilen. Nach dem Tod Alexanders wurde Friedrich Wilhelm Ritz zu Wilhelmines liebstem Kind, während sie bei der Erziehung ihrer Tochter Marianne keine glückliche Hand zu haben schien, was sie Ritz immer wieder selbstkritisch gestand. Dem König verschwieg sie zumeist ihre Probleme. Sie wollte ihn – und sich nicht belasten.

All die Jahre hindurch schrieben sich Ritz und Wilhelmine, ungeachtet mancher Zerwürfnisse, Briefe mit zärtlichen Anreden. Vom französischen Feldzug 1792/93 aus wandte sich Ritz alle paar Tage an seine »Hertzlich geliebteste Frau«. Sie antwortete als »Deine dich aufrichtig liebende Frau Rieke«, beschwerte sich über eine neue Liebschaft des Königs, die ihre Nachsicht wieder einmal auf eine harte Probe gestellt hatte, und verlangte sogar, er möge sich aus dem Umkreis des Königs zurückziehen, »wo es so zugehet.« Nach Italien meldete er, dass er sich gräme, weil er nicht mitfahren durfte und seit ihrer Abreise niemanden hätte, »... dem ich mein Herz öffnen kann.«

Trotz dieses Vertrauens gestaltete sich die Beziehung problematisch. Schon um 1787 soll Ritz ihr wegen einer Affäre mit einem jungen Offizier Szenen gemacht haben, die zum Bruch führten. Nach Ritz eigener Aussage separierten sich die Eheleute schon drei Jahre früher, »privatim von Tisch und Bette«.

Wilhelmine offenbarte: »Ich hatte mit Ritz unaufhörlich Zänkereyen, weil ich nicht als Mann und Frau mit ihm leben wollte. Dies durfte ich aber Sr. Majestät nicht schreiben, weil ich meine Briefe vor Ritz nicht geheim halten konnte ... Ich kann ... keine andere Ursache des Unglücks in der Ehe als Unverträglichkeit des Charakters angeben.« Auch Ritz stellte vor der Untersuchungskommission 1798 fest, dass »unsere Charaktere nicht harmonierten.«

Dampmartin, Hauslehrer ihres gemeinsamen Sohnes und einer der wenigen Getreuen, der Wilhelmine nach ihrem Sturz geblieben war, fasste die turbulente Lage taktvoll zusammen: Beide hätten sich den ersten Platz im Vertrauen ihres Herrn streitig gemacht. Wahrscheinlich aber mochte Ritz nicht einsehen und ertragen, dass sich der Kampf darum für ihn gar nicht lohnte. Denn jener Platz war längst vergeben. An dieser Einsicht mangelte es ihm bis zum Schluss, und so bekundete er gegenüber der Kommission: »[Sie] hat bis an das Ende des hochseligen [Königs] ein unumschränktes Vertrauen desselben besessen, dessen Quelle mir jederzeit unbegreiflich und mir ein immerwährendes Geheimnis geblieben ist.«

Auch Wilhelmine selbst hätte es ihm nicht zu offenbaren vermocht. Noch nicht.

Kapitel 10

Das Erbe

»Lebe er wohl! Er sieht mich nicht wieder ... Es wird ein lustiges Leben am Hofe werden. Mein Neffe wird den Schatz verschwenden und die Armee ausarten lassen. Die Weiber werden regieren und der Staat zugrunde gehen.« Das waren die letzten Worte, die Friedrich II. im Jahre 1785 während der großen Truppenrevue in Schlesien angeblich an den Minister dieser Provinz, den Grafen Hoym, richtete. Der Misanthrop von Sanssouci, der zuletzt wie ein Einsiedler gelebt hatte, sein Schloss zu einem Kloster machte, das kein weiblicher Fuß betrat, liebte düstere Prophezeiungen. Am 17. August 1786 starb der König nach sechsundvierzig Regierungsjahren. Er hinterließ seinem Erben einen der am besten verwalteten Staaten Europas mit einem großen Staatsvermögen, einer stabilen Währung, mit einer arbeitswilligen und überhaupt nicht aufsässigen Bevölkerung und einer »Armee, auf der der Ruhm vergangener Schlachten lag«.

Mit seinen Vorhersagen hat, wie schon so oft, Friedrich nicht Recht behalten. Der Neffe würde den Staatsschatz verschwenden?

Der Schatz wurde in Bauwerke und in Kriege investiert. Schnell warf sich Friedrich Wilhelm II. auf ehrgeizige Architekturprojekte, während gleichzeitig auch hohe militärische Kosten anfielen. Aber genauso hatte es seinerzeit auch Friedrich II. gemacht. Kaum im Besitz der königlichen Insignien, hatte er damals Knobelsdorff das Opernhaus Unter den Linden bauen lassen, als Ouvertüre für sein Forum Fridericianum, das mit dem Palais Heinrich, der Königlichen Bibliothek und der St. Hedwigskirche der Hauptstadt ihr prachtvolles Aussehen verschaffte. Und während Friedrich II. unter einem windigen Vorwand schon im Krönungsjahr 1740 in Schlesien einfiel – ein Akt von kühner Skrupellosigkeit, den sein Vater, der Soldatenkönig, zutiefst missbilligt hätte, zumal die Kriegsausgaben das gesamte Vermögen verschlangen – wuchs schon während des

3. Schlesischen Krieges auf einem Weinberg vor Potsdams Toren ein Schloss empor, das nur des Königs Handschrift trug: Sanssouci.

Der Staat ginge zugrunde, weil die Weiber regierten? Der neue König regierte mit einem eingeschworenen Kreis von wenigen Vertrauten – ohne Frauen –, und der Staat Preußen sollte unter ihm, Friedrich Wilhelm II., seine größte Ausdehnung erreichen.

Man atmete auf, als Kronprinz Friedrich Wilhelm 1786 mit knapp zweiundvierzig Jahren den Thron bestieg, weil man sich endlich Befreiung von der militärischen Zwangsjacke Friedrichs des Großen erhoffte. Dem Soldatenstaat hatte man lange genug Opfer gebracht. Der neue König aber war dem Leben zugetan und deshalb weit weniger gefürchtet. Die einseitig militärische Prägung des friderizianischen Preußen verblasste. Man begrüßte Friedrich Wilhelm zunächst mit Jubel: Die Art, wie er sich gab und zeigte, seine Menschenfreundlichkeit sowie seine ersten Maßnahmen als Regent, die Aufhebung des Tabak- und Kaffeemonopols etwa, machten aus ihm schnell den »Vielgeliebten«. Das Beiwort trug zu Anfang noch nicht den ironischen Unterton, womit man später den Frauenliebhaber bespöttelte.

Auch wenn Friedrich Wilhelm II. während der vergangenen siebenundzwanzig Jahre von allen Regierungsgeschäften ferngehalten wurde, so hatte er sich doch auf sein neues Amt vorbereitet, sich weitergebildet, nicht nur in religiösen und politischen Fragen, sondern auch und besonders auf dem Feld der schönen Künste. Diese Neigung teilte er mit seiner früheren Schülerin, in der ihm eine ebenbürtige Partnerin erwachsen war, in Gedanken und Worten ohnehin, aber, wie sich nun herausstellen würde, auch »in Werken«.

Friedrich Wilhelm, der bis dahin niemals auch nur einen einzigen Bauauftrag hatte vergeben dürfen, schritt mit seinem Regierungsantritt sofort zur Tat. Noch im Herbst 1786 ließ er das Schlaf- und Arbeitszimmer seines Vorgängers umgestalten. Dort, im Allerheiligsten von Sanssouci, wo der friderizianische Geschmack selbst in der kleinsten Rocaille des Deckenstucks herrschte, war es also, dass sich Preußen vom Rokoko verabschiedete. Ein Stil, vergangen wie die Zeit der alten Regierung, dankte ab. Dann plante der neue König 1787 sein eigenes Schloss, das Marmorpalais, und er ging an den Umbau der Königskammern im Berliner Schloss. Nach dem großen Brand von Neuruppin am 26. August 1787 verfügte er aus königlichen Mitteln den Wiederaufbau der Stadt im ganz neuen Baustil, und 1789 begann er mit seiner architektonischen Sensation, die er zusammen mit Langhans entworfen hatte, dem Brandenburger Tor in Berlin. Alles, was unter dem neuen König an Häusern und repräsentativen Bauten entstand, war enorm modern, anders als es Friedrich II., der nie zu den Schrittmachern in der Architektur gehörte, je gelungen war.

Mit ähnlichem Enthusiasmus, aber weitaus weniger freiem Geist, versuchte Friedrich Wilhelm nun die Glaubensreform in die Tat umzusetzen, von der er all die Jahre schon Wilhelmine vorgeschwärmt hatte. Allerdings hielt er sie von der genaueren Planung möglichst fern, alle religiösen Fragen wurden weiterhin im engsten Kreis der Rosenkreuzer erörtert, mit Bischoffwerder und Woellner. Obwohl den beiden gerade ein neuer, auch gegen die Favoritin gerichteter Schachzug gelungen war – des Königs Ehe zur linken Hand mit Julie von Voss – so machten sie doch aus ihrer fortdauernden Abneigung gegenüber der »Ritz« keinen Hehl.

Das 1788 erscheinende Religionsedikt mit seiner Einschränkung der Pressefreiheit war zwar Woellners Werk, aber es krönte auch die seit langem gehegten Wünsche des Prinzen. Er glaubte sich damit zutiefst auf dem rechten Weg zu seinem Gott. Deswegen kränkten ihn Schmähschriften, ganz besonders die von Mirabeau, dessen »Geheime Geschichte des Berliner Hofes« gerade erschienen war. Der französische Graf hielt sich schon seit einiger Zeit in Berlin auf, in geheimem Auftrag, um zu spionieren und über Stimmungen und Meinungen beim Regierungswechsel in Preußen nach Paris zu berichten. Obwohl ohne offiziellen Status, hatte er es geschafft, an den Höfen der Prinzen Heinrich und Ferdinand, der Brüder von Friedrich II., empfangen zu werden. Mit ihrer unkritischen Vorliebe für jeden, der aus Frankreich kam, ließen sie sich aushorchen. Lediglich Friedrich II., der ihm ein halbes Jahr vor seinem Tod überraschend eine Audienz in Sanssouci gewährt hatte, beurteilte ihn scharfsichtig als »einen dieser läppischen Satiriker, die für oder gegen alles und alle schreiben.« Mirabeau gab mit Genuss jeden Klatsch wieder, wie er bei Hofe erzählt wurde, und berichtete all die Verleumdungen als Tatsachen an seinen Auftraggeber Talleyrand, damals noch Abbé von Périgord, später Revolutionär, dann Außenminister unter Napoleon. Ein Mann, der die Fähigkeit besaß, stets rechtzeitig das Lager der voraussichtlichen Verlierer zu verlassen und die Partei der potenziellen Gewinner zu ergreifen, um die bestmöglichen »Sponsoren« für seine Dienste auszuwählen und sie zum höchsten Preis zu verkaufen. Mirabeau war darin weitaus weniger geschickt. Auch mit seiner »Geheimen Geschichte« hatte er kein Glück. Sie wurde am Ende in Frankreich auf dem Scheiterhaufen verbrannt, nachdem sie in Preußen selbst für große Aufregung unter all denjenigen gesorgt hatte, die sich dort in ungünstigstem Licht dargestellt fanden. Wilhelmine aber blieb gelassen bei der Lektüre, auch wenn sie über sich lesen musste, dass sie zänkisch sei und nur ihren Vorteil im Sinn hätte, so habe sie sich neben anderen Ländereien das stattliche Markgrafentum Schwedt erbeten. Das war rundweg erfunden.

Tatsächlich aber kaufte ihr der König ein Haus in der Mohrenstraße, als Immobilie keine Kostbarkeit, aber für die Beschenkte von höchstem Wert. Hatte sie hier doch als kleine Musikantentochter zum ersten Mal ihren Prinzen gesehen, hier hatte vor unendlich weit entfernten vierundzwanzig Jahren eine phantastisch märchenhafte Geschichte ihren Anfang genommen. Von diesem ersten Augenblick an währte ihre Liebe, und, welche Bitternis ihr zu ertragen auch immer auferlegt wäre, diese Liebe würde fortdauern wie ein Naturgesetz, allen Fährnissen zum Trotz. Das Haus in der Mohrenstraße, der schönste aller Erinnerungsorte, war der einstige Wohnsitz der Gräfin Matuschkyn, nunmehr Frau von Schönberg, Wilhelmines Schwester.

Ganz ohne Zweifel bedeutete für Wilhelmine als Freundin des Königs seine Thronerhebung Aufstieg und Glanz. Zunächst wurden ihre Einkünfte erhöht, die mageren monatlichen 100 Dukaten verwandelten sich in 300 Louisd'or. Auch ihre gemeinsamen Kinder bedachte der Vater. Für den Grafen und die Gräfin von der Mark kaufte er die Güter Lichtenau, Breitenwerder und Roßwiese in der

Neumark, wobei in der Schenkungsurkunde festgesetzt wurde, dass der Mutter aus diesen Gütern 2000 Taler an jährlichen Revenuen zustünden. Später bestimmte ihr der König sämtliche Einkünfte daraus auf Lebenszeit, 4800 Taler. Als die Tochter 1797 den Grafen Stolberg-Stolberg heiratete, bekam sie vom König eine reiche Mitgift von 200 000 Talern, wofür sie auf alle weiteren Ansprüche verzichtete. Seinem Liebling Alexander schenkte er 1787 ein nobles Palais Unter den Linden. Vollmöbliert kaufte er es für 35 000 Taler dem Kommerzienrat Gravius ab. In direkter Nachbarschaft zur Oper, gegenüber dem Prinz-Heinrich-Palais, zählte es zu den allerersten Adressen der Hauptstadt. Dies Haus wird nach dem Tod ihres Sohnes in Wilhelmines Besitz übergehen, und sie wird es nach ihrem Geschmack umgestalten.

Ihr Hauptwohnsitz aber ist weiterhin das Landhäuschen an der Spree, angrenzende Gärten werden dazugekauft, in der Folge erwirbt sie noch weitere Grundstücke aus eigenen Ersparnissen, um sich »völlig zu arrondieren«.

Im Jahre 1787 erhält Wilhelmine die Erlaubnis, sich dort eine wahrhaft standesgemäße Wohnung einzurichten. Also lässt sie das Haus von Grund auf verändern. Dabei entdeckt sie ein neues Talent in sich. Bauen, so scheint es, wird zu Wilhelmines großer Leidenschaft werden. Wo sich einstmals die Schmettau'sche kleine Villa ans Ufer duckte, wächst alsbald ein stolzer Neubau empor. Sie verwandelt das schmale Haus in ein komfortables Palais mit zwei Stockwerken. Mit seiner Prachtseite schaut es auf den Fluss und den Charlottenburger Schlossgarten. Wenn der König von dorther mit einer Gondel heranfährt, empfangen ihn gemächlich ansteigende Treppen und führen ihn zum von einem luftigen Balkon beschirmten Hauptportal.

Eine gläserne Kuppel im Dach holt den Himmel ins Vestibül.

Erinnert es in seiner vornehmen Pracht nicht an die Adelshotels aus früherer Zeit, wie sie vereinzelt noch zwischen den friderizianischen Häusern Unter den Linden stehen?

Zum Baumeister berief Wilhelmine den verdienten Georg Friedrich Boumann, Sohn des Johann Boumann, der unter Friedrich II. das Prinz-Heinrich-Palais gegenüber der Königlichen Oper und die

Wilhelmines neues Palais an der Spree, nahe dem Charlottenburger Schloss. Louis Serrurier, »Hotel de Monsieur le Baron de Eckardtstein á Charlottenbourg«

Hedwigskirche gebaut hatte. Er selbst hatte die Bibliothek daneben entworfen, die »Kommode« mit dem eleganten Schwung. Während er mit Wilhelmine ihren Umbau vornahm, leitete er vis-à-vis auch den Bau des von Langhans entworfenen Schlosstheaters von Charlottenburg.

Das sprach für den ökonomischen Einsatz von Arbeitskraft, wenn es nicht vielleicht auch half, Wilhelmines Stellung in der höfischen Welt zu verbessern. Dort bemerkte man sehr wohl, dass der Wohnsitz des Königs und der seiner Geliebten von einer Hand gestaltet wurden, doch man reagierte mit gewohnter Missgunst. Anlass zu einem Stimmungsumschwung gab es weniger denn je, zumal sich die ob der morganatischen Eheschließung des Königs aufgebrachten Gemüter noch nicht wieder beruhigt hatten.

Mätresse zischte man, wie man schon immer gezischt hatte. Ein Schimpfwort. Wilhelmine kannte es nicht anders. Dabei erfüllte sie strenggenommen längst nicht mehr die Erwartungen, die den Berlinern das Wort so anrüchig machte. In französischen Ohren musste es einen anderen Klang haben. Warum sonst hätten die Maintenon, die Montespan, die Pompadour und die Dubarry um das Prädikat der *maîtresse-en-titre* gebuhlt wie um einen Adelstitel? War dort die Position der Mätressen nicht höchst ehrenwert? Sie sorgten gewissermaßen für eine Art Republikanisierung der absoluten Macht. In Frankreich und nun auch in England wechselten mit jeder neu auftauchenden Geliebten die Könige die Ministerien, eine gewisse Verjüngung der Politik fand statt. In Preußen? Keiner der Hohenzollern hatte sich bisher eine Mätresse gegönnt. Erst Friedrich Wilhelm erlaubte es sich, mit der Tochter eines Musikers lustig über die Stränge zu schlagen.

Dabei hatte man durchaus von August dem Starken und den Kapriolen seiner Gräfin Cosel am glänzenden Hof Sachsens gehört, wo man vermöge seiner Silberbergwerke nicht die materiellen Sorgen hatte wie Preußen. Man wusste auch vom prächtigen Leben, das sich der Herzog Karl Eugen von Württemberg gestattete. Dank geschickter Finanzoperateure entfaltete er größeren Luxus, feierte rauschendere Feste als selbst die Kaiser in Petersburg oder in Wien. Wie überraschend soll sich Württemberg gewandelt haben, als der Herzog unter seinen vielen Mätressen die Reichsgräfin von Hohenheim zur morganatischen Gattin erwählte.

Preußen aber war anders. Wilhelmine wusste es wohl. Doch so wie sie fürs erste die Rosenkreuzer bezwungen hat, wird sie den Hof zum Schweigen bringen. Und kennt sie nicht auch schon die dritte Front, an der sich Unmut gegen die Dauergeliebte des Königs breit macht? Die liegt direkt vor ihrem Gartentor, beim »Volke« selbst, dem sie doch entstammt. Zuerst staunend, dann mit heimlicher Entrüstung, beobachteten ehrsame Familienväter das Treiben der Ritz, unerhört bislang für diese moralisch-nüchterne Stadt, und es wurde gefragt: »Was kostet das?«

Aber Wilhelmine zeigte sich davon noch unbeeindruckt, zielstrebig verfolgt die Favoritin des neuen Königs ihr Lieblingsprojekt, den Bau ihres noblen Palais. Viel später erst wird sie das Ausmaß jenes Ingrimms gegen sie erkennen.

Kapitel 11

Dame der Gesellschaft

Im Spätsommer 1788 beginnen die Bauarbeiten in Charlottenburg, und sie schreiten dank des umtriebigen Eifers der Bauherrin zügig voran, sodass schon im Jahr darauf das Richtfest begangen wird. Bei schönster Aprilsonne haben die Zimmerleute die Krone auf den Dachstuhl gesetzt und Baumeister Boumann lässt es sich nicht nehmen, in einer persönlichen Ansprache »seiner gnädigen Frau« alle Verehrung »zu Füßen zu legen«. Gewiss, der König hat ihm den Auftrag erteilt, das Haus für »Höchstdero Geheimen Kämmerer, Herrn Ritz und dessen würdige Frau Gemahlin« zu errichten. Doch jeder weiß, dass nicht der Gemahl, dafür umso häufiger der Auftraggeber selbst wie schon früher hier verkehren wird. Gleichwohl wünscht Boumann beflissen, um das Dekor zu wahren, »dass Ritz in diesem Hause viele vergnügte und glückliche Tage zählen möchte.«

Reich und elegant ließ Wilhelmine das Innere ausstatten. Die Fußböden waren kunstvoll ausgelegt, Türen und Fensterläden vergoldet, die Wände vertäfelt und mit großen Spiegeln geschmückt. In den Festräumen boten Nischen aus Gipsmarmor, der dem aus Carrara täuschend ähnlich sah, aber viel weniger kostete, Rückzugsorte für traute Plaudereien. Ihr ganzer Stolz: ein achteckiges Kabinett aus feinster französischer Lackarbeit in Grün auf silbernem Grund, eine Erinnerung an Versailles. Nur nüchterner, wie alles hierzulande, sparsamer, *la douce France* in der Nussschale. Anders war Luxus hier nicht zu haben. Doch ließ sich nicht auch aus preußischer Strenge ein Funken schlagen? Es musste nicht gleich ein neuer Stil sein. Aber zu spielen war allemal erlaubt.

Den größten Spaß machte es Wilhelmine schon immer, aus bedeutenden Werken zu zitieren, die Sentenzen zu vermischen, um zu sehen, wie sie sich bewährten. Wenn man Glück hatte, ergab sich am Ende ein neuer Sinn. Jedenfalls hatte sie mit diesem Verfahren ihren Lehrmeister häufig genug verblüfft, wenn ihr das ausufernde Auswendiglernen langweilig geworden war, damals im Garten am Heiligen See. Nun tat sich für ihre Lust an der Verwandlung ein überraschendes Betätigungsfeld auf. In dem Haus, das sie nach ihren Vorstellungen schuf, erprobte sie alles: Räume zu entwerfen sowie ein neues Leben für sich selbst dazu.

So wurde das Haus allmählich zu einer Bühne für die Dame der Gesellschaft, ein Refugium für den königlichen Freund und selbstverständlich ein gediegener Wohnsitz für die Mutter mit ihren Kindern.

Wie Friedrich Wilhelm seinen Neuen Garten, so umgab auch sie ihr Anwesen mit einer großen Mauer, was ihr in den Augen der allzeit neugierigen Berliner sehr schadete. Denn damit regte sie die Phantasie missgünstiger Seelen zu außerordentlichen Leistungen an. Schauergeschichten mit durchweg erotischem Inhalt machten die Runde, von nackten Körpern auf blutrotem Atlas, von wüsten Orgien wollte man gehört haben. Ohnehin fragte man sich, wie es der Ritz gelang, so wie seinerzeit den Prinzen nun auch den König an sich zu fesseln, trotz seiner anderen Leidenschaften. Es ging die Mär, sie empfange ihn »nackend auf schwarzem, seidenen Sofa«. Gesehen hatte es natürlich niemand. Wie schon zuvor erhob sich eine Wolke von Klatsch.

Dabei herrschte hinter der Mauer allenfalls die Zügellosigkeit eines verspielten Gestaltungswillens. Dazu nahm sie die Dienste eines Hofgärtners in Anspruch, der zum gleichen Zeitpunkt den Charlottenburger Schlosspark in englischem Geschmack neu anlegte: Johann Friedrich Eyserbeck. Friedrich Wilhelm hatte ihn, sich mit Wilhelmine beratend, aus Dessau herbeigerufen. Beide kannten das Werk von dessen Vater Johann August aus eigener Anschauung, sie bewunderten den einzigartigen und ersten Landschaftspark in Wörlitz, den dieser für den Fürsten Franz von Anhalt-Dessau geschaffen hatte. Sie hofften, dass auch der von seinem Vater geschulte Sohn etwas Gleichartiges hervorbringen könne, und sie hatten sich nicht getäuscht. So wirkte Eyserbeck in Charlottenburg, im Neuen Garten – und auf Wilhelmines Anwesen. Später beschäftigte sie ihn ebenfalls auf der Pfaueninsel, und

Johann Ritz engagierte ihn, ihrer Empfehlung folgend, bei der Gartenanlage im Palais Lichtenau in Potsdam.

Nirgendwo stand es geschrieben, aber mancher mag es beim Eintreten gedacht haben: Sesam-Öffne-dich! Es war ein schmaler Torweg, der unter einem künstlich aufgetürmten Felsen in den Garten hinein führte, zu all den mit leichter Hand geordneten Baumgruppen, Ziersträuchern, aber auch Nutzgewächsen, zu den anmutigen Pavillons und Lusthäuschen. Als hätte man Spielzeug über das Grün verteilt, erhob sich hier ein Tempelchen, dort öffnete sich eine Grotte. Vier Säulen trugen eine Schaukel, ein Brunnen war als Baum verkleidet. Auch ein künstlich aufgeschütteter Berg war da, den man auf Spiralwegen besteigen konnte, deswegen Schneckenberg genannt. Auf dessen Spitze erhob sich ein Zelt, in dem man unter bunten Lampions bei Tarantellaklängen italienische Nächte veranstaltete. Manch ein Gast vergaß dabei seinen unerfüllten Traum von Neapel oder Rom und erinnerte sich ein Leben lang, wie Karl von Dittersdorf, an den Abendzauber in Charlottenburg, an das im Licht der Fackeln funkelnde Silbergeschirr, an das leise Klirren der mit purpurfarbenem Wein gefüllten Gläser, an die schmale Sichel des Mondes, bevor sie im Schlosspark hinter dem Belvedere versank. Wer hätte noch Sehnsucht nach Italien empfunden oder auch nur nach einer Rheinterrasse? Schattige Plätze luden zum Tête-à-Tête vor Wasserspielen, leicht geschürzte griechische Götter aus Stein bewachten stille Lektürestunden. Eine Kegelbahn, die sich der König wünschte, baute man wie ein Versteck, als Eremitage, »mit gotischen Bogens«. Die liebte Wilhelmine besonders – lange bevor sie mit Schinkel wieder in Mode kamen – und deswegen errichtete sie ein ganzes Haus in diesem Stil, mit Zinnen und Spitzhelmen und schlanken Türmen an den vier Ecken.

Das schönste daran: Das flache Dach des quadratischen Kernbaus ließ sie, darin ihrer Zeit ebenfalls weit voraus, zu einer Terrasse gestalten. Ohne dass man gesehen wurde, überblickte man selbst weithin den eigenen Garten, die sanfte Biegung des Flusses und das jenseitige Ufer. Man schaute in den Himmel – und auf die private, dem Park zugewandte Seite des Schlosses, sah, wenn des abends Kerzenschimmer durch die hohen Fenster fiel, den König,

Das von Wilhelmine errichtete Gotische Haus mit Dachterrasse im Garten des Palais an der Spree. Louis Serruier, »Maison gothique du Jardin de Monsieur le Baron de Eckardtstein a Charlottenbourg«

war er nicht bei ihr zu Gast, mit seinen Musikern im Streichquartett das Cello spielen. Im Sommer, wenn die Türen geöffnet waren, wehten die Klänge über Bäume und Wasser hin zu der nächtlichen Lauscherin auf dem Dach ihres »Gotischen Hauses«. Es waren die Töne einer neuen Epoche, Musik von Friedrich Wilhelms jüngsten Favoriten, von Haydn, Mozart, Beethoven.

Nichts erinnert heute an den Glanz jenes Anwesens, weit vor den Toren der Stadt, keine Spur von der vergangenen Pracht, den nahezu fürstlichen Anlagen, die sich im Stil mit denen des Königs von Schloss und Park Charlottenburg aufs schönste vereinigten.

Nach dem Tod Friedrich Wilhelms II. wurde Wilhelmine das Anwesen von seinem Nachfolger weggenommen. Es ging zunächst als Geschenk an die Charité, dann wurde es 1799 zugunsten der preußischen Krone für 80 000 Taler an den Kaufmann Feiherrn von Eckardtstein verkauft. 1872 erwarb eine Aktiengesellschaft das gesamte Gelände, brach Palais und alle anderen Gebäude ab und errichtete das Vergnügungslokal »Flora« mit dem größten Festsaal Deutschlands. Zu dessen Gästen zählten auch die Mitglieder der kaiserlichen Familie. Trotz »Gondelflügen« mit einem Ballon, Pflanzenschauen zur Beförderung des Gartenbaues in den preußischen Staaten sowie Rennen für Hochräder blieb es unrentabel, wurde zu einem der bedeutendsten Spekulations- und Pleiteobjekte der Gründerzeit und musste 1904 abgerissen werden. Es entstand ein Wohnviertel mit innerstädtischem Charakter.

Man behauptete, das Charlottenburger Besitztum der Ritz sei, neben einer schwülen Kulisse für Ausschweifungen aller Art, von fast orientalischer Pracht gewesen, von erdenklichstem Luxus in Ausstattung und Bequemlichkeit. Friedrich Wilhelm III. ließ es sich nicht nehmen, nachdem er seine Besitzerin hatte verhaften lassen, sich persönlich davon zu überzeugen. Als er es in Augenschein nahm, habe er sich gewundert, ein Haus zu finden, »das zwar sehr niedlich, aber keineswegs so prächtig sei, wie man es ihm geschildert« habe. Auch die Oberhofmeisterin Voss fand den Klatsch von der maßlosen Verschwendung der Ritz widerlegt. Kleinlaut schrieb sie in ihr Tagebuch: »jolie, mais pas magnifique«.

Einer derjenigen, die solche Gerüchte in Umlauf brachten, war der französische Gesandte in Berlin, Graf Ségur. Wie sein Vorgänger verfasste auch er eine »Geschichte der großen Ereignisse während der Regierungszeit Friedrich Wilhelms II.«. Graf Ségur ist, wie Wilhelmine feststellte, kein Freund des preußischen Königs und somit auch kein Freund von dessen Freunden. Ihr wirft er vor, sie sei berüchtigt »par le dérèglement de ses moeurs«, durch die »Zügellosigkeit ihrer Sitten«. Eigentlich hätte sie große Lust, ihn der Lüge zu überführen, was sie sich aber aus Höflichkeit gegenüber dem »unverletzlichen« Stand des Gesandten verbietet. Eine einzige »Übertretung«, derer sie sich schuldig gemacht habe, nämlich die Geliebte des Prinzen gewesen zu sein, hat sie immer freimütig eingestanden. »Aber dieser Vorwurf nimmt sich in der Feder eines Mannes sehr sonderbar aus, der zu einer Nation gehört, wo dieses dérèglement ... unter Ludwig XIV. und XV. ganz an der Tagesordnung war.« Und, so fragt sie, ihren Liebsten gegen den großen Vorwurf des Mätressenwesens am preußischen Hof verteidigend, »vergaß Ségur denn ganz seinen großen Henri quatre? Als dieser schon 55 Jahre alt war, ein Alter, welches Friedrich Wilhelm nicht erreicht hat, ward er, seiner eigenen Erzählung zufolge, ›nicht allein verliebt in die Henriette de Montmorency, sondern ganz toll nach ihr‹ ... Hat ihn dies wohl gehindert, Henri le grand zu sein und zu werden?«

Auch wenn Ségur die Schätze rügt, die angeblich an sie und ihre Kinder verschwendet wurden, muss er in ihren Augen ganz und gar die französische Geschichte vergessen haben, »sonst würde ihm eingefallen sein, was dort die Könige für ihre Geliebten und natürlichen Kinder taten, wogegen das, was für mich und meinen Sohn geschah, gar nicht in Vergleichung kommt.«

Wilhelmine weiß, woher die parteiische Haltung des Gesandten rührt. Wie sein Landsmann Mirabeau ist auch er erbost darüber, dass der König der jahrzehntelangen Vorherrschaft des Französischen ein Ende setzte. Hatte doch unter Friedrich II. Voltaire noch voller Genugtuung bemerken dürfen, dass am preußischen Hof »unsere Sprache und Literatur größere Eroberungen gemacht haben als Karl der Große.« Daran hatte man sich beinahe ein ganzes Jahrhundert lang gewöhnt, und nun vertrieb der neue König in einer seiner ersten Amtshandlungen das französische Schauspiel aus Berlin. »So verzeihlich, ja löblich es von Ségur ist, dass er für seine Nation eifert, so war es doch für den König noch verzeihlicher, noch löblicher, dass er das tat. Er war ja kein französischer, sondern ein deutscher König.« Dieser Erkenntnis konnte sich selbst ein fremdländischer Gesandter nicht verschließen. Wilhelmine ruft in Erinnerung, wie schnell sich Friedrich Wilhelm II. von den konventionellen Vorlieben seines Onkels trennte, um endlich auch der neuen deutschen Literatur die Wege zu bereiten. 1787 schloss er das kaum noch besuchte französische Komödienhaus am Gendarmenmarkt und übergab es seiner neuen Bestimmung als »Nationaltheater« mit den denkwürdigen Worten: »Wir sind Teutsche und wollen es bleiben.«

Auch Opern führte man dort auf, aber nicht mehr die schon seit einer Weile aus der Mode gekommenen Haupt- und Staatsaktionen des Spätbarock im italienischen Stil. An ihre Stelle traten zu Herzen gehende Werke, in denen Kämpfe nicht auf dem Schlachtfeld, sondern in der Seele ausgetragen wurden. So wie in Glucks »Iphigenie auf Tauris«, die man 1793 erstmals mit deutschen Sängern und in deutscher Sprache gab.

Wilhelmine verfügte über eine eigene, vom König für sie reservierte Loge, und sie besuchte nahezu jede Premiere. Mit besonderer Neugier verfolgte sie ein deutsches Singspiel, das von der großen Liebe in einem osmanischen Harem handelte, und davon, wie man der Gefangenschaft dort entkommt. Selbstverständlich war auch der König anwesend, als Mozart im Mai 1789 nach Berlin gereist war, um selbst »Die Entführung aus dem Serail« zu dirigieren. Danach fand sich der Meister in Charlottenburg ein, um Friedrich Wilhelm auf dem Klavier vorzuspielen, und beide musizierten in einem Quartett. Als er die Hauptstadt verließ, hatte Mozart einen Auftrag des Preußenkönigs über sechs Streichquartette und einige Klaviersonaten in der Tasche. Vielleicht würde ihm sogar das Angebot auf eine Anstellung unterbreitet. Preußen war, das stand fest, kunstsinniger als sein Ruf, viel kunstsinniger als der Habsburgerstaat, wo der Regent auf dem Cembalo dilettierte, während in Preußen ein König brillant sein Instrument beherrschte. Wo gab es das sonst? Obendrein scheint der keine Kosten gescheut zu haben, als er die Musiker für seine Kapelle suchte, »die größte Sammlung von Virtuosen der Welt«.

Tatsächlich, Friedrich Wilhelm II. lebte, auch wenn er seine Pflichten als Regent ordentlich zu erfüllen suchte, außerhalb des dynastischen Programms. Er lebte nach eigenem Plan. Dazu gehörten neben der Religion die Musik und die Kunst. Und dazu gehörte seine Wahlfamilie. Der fühlte er sich immer schon zugehörig, aber nach dem Tod Friedrichs II. wusste es alle Welt, weil er sich dorthin, unabhängig von allen Liebschaften, am liebsten zurückzog; zu Wilhelmines Mutter, ihrer Schwester, ihren Brüdern, zu Ritz und ein paar Freunden aus der Theater- und Musikwelt. Zuerst aber führten seine Wege fast immer zu Wilhelmine.

An seine eigentliche, die königliche Familie zeigte er, seine Mutter ausgenommen, schon als Kronprinz keine Bindung, hatten doch die Brüder und Schwestern Friedrichs II. dessen Urteil über seinen Nachfolger mehr oder minder übernommen. Dort war er noch nicht einmal zur Tafel zugelassen. Prinz Heinrich buhlte zwar um ihn, weil er sich nach Friedrichs Tod eine einflussreiche Position als Militärberater versprach. Aber als Friedrich Wilhelm zu verstehen gab, er suche seine Ratgeber selbst, zog sich der Onkel gekränkt zurück. So kam es, dass er fast nie nach Rheinsberg, des Prinzen Residenz, eingeladen wurde. Schon gar nicht Wilhelmine.

Keiner von Friedrich Wilhelms Verwandten nahm die langjährige Geliebte offiziell zur Kenntnis, man mochte sie nicht, die schöne Hofmusikustochter mit der ungewöhnlichen Bildung, und schon gar nicht die Mutter seiner – illegitimen – Kinder. Neideten sie ihm und ihr das Wagnis einer selbstbestimmten Liebe? Sie alle lebten ja in Herzensdingen ein unglückliches Leben. Heinrich, der tüchtige General, saß verbittert in seinem Schloss am Grienickesee, auch er in eine Ehe mit einer Frau gezwungen, die nicht seine Wahl war. Er wusste sich immerhin mit Freundschaften zu trösten, von denen gewispert und gemunkelt wurde, von jungen und geschmeidigen Männern.

Von Prinz Ferdinand, der das Schloss Bellevue bewohnte, hieß es, keines seiner sechs Kinder stamme von ihm, sondern von seinem Adjutanten, dem Grafen Schmettau, genau demjenigen, dessen Haus Wilhelmine einst gekauft hat. Als Bastarde sah man die Söhne Ferdinands an, auch wenn man es nicht offen aussprach. Man behinderte sie in ihren Erbansprüchen und militärischen Aufstiegswünschen, den schönen Louis Ferdinand, der allen Frauen den Hof machte – später sogar der Königin Luise – und August, dem als einzigem der Söhne ein längeres Leben beschieden war. Er sollte von Friedrich Wilhelm III. keine Chance bekommen, sich standesgemäß zu verheiraten, sodass nach seinem Tod das gesamte Vermögen an die Krone zurückfiel. Und jedermann kannte das Schicksal der Prinzessin Amalie, die so vermessen war, gegen den Willen ihres Bruders, des Königs Friedrich II., den tollen Trenck zu lieben, zur Strafe Äbtissin werden musste im Quedlinburger-Stift, wo sie, ihrem ersten und einzigen Liebeserlebnis nachtrauernd, ein zänkisches Wesen annahm. Friedrich Freiherr von Trenck verbrachte zehn Jahre im Kerker der Festung von Magdeburg und wurde danach von Friedrich II. lebenslang aus Preußen verbannt, ein Urteil, das Friedrich Wilhelm II. sofort nach seinem Regierungsantritt aufhob, sodass sich die beiden Liebenden, alt geworden, nach zweiundvierzig Jahren ein letztes Mal in die Arme sinken durften. Wenige Tage nach dieser Begegnung starb die Prinzessin in ihrem Palais Unter den Linden.

Bei der ersten unter den preußischen Familien war nichts natürlich und glücklich. Alles Prinzip, überall Ehre und Pflicht und Ruhm. Liebe? Liebe war nicht vorgesehen, nirgends war da Güte, nirgends Wärme.

Empfangen wurde Wilhelmine hier selbstverständlich nicht. Im Gegenteil, die fürstliche Verwandtschaft war sich, bei allen Sticheleien gegeneinander, eisern einig, jeden Versuch der Ritz, sich in die Gesellschaft zu drängen, abzuwehren. Es gab nur eine »Gesellschaft«, die sich so nennen durfte, die des Hofes und der umliegenden, der königlichen Familie.

Was aber war diese Welt? Die Vorrechte des Adels bestanden ja unvermindert fort. Noch immer war es üblich, dass eine bürgerliche Dame von einer Gräfin mindestens durch sechs Stühle getrennt sein musste, Adlige nur mit Adligen tanzen durften, die Bürgerlichen zum Zusehen zugelassen waren. Ein Adliger, der eine Bürgerliche heiratete, ging seiner Standesvorteile verlustig. Was hatte Wilhelmine da zu erwarten? Sie beabsichtigte nicht, auf jeder Abendgesellschaft die Stühle zu zählen, bevor sie sich auf den für sie vorgesehenen setzen durfte.

Also mussten alle, die zusahen, erleben, dass die Ritz keinen Versuch unternahm, das Erwartete zu tun. Sie bewarb sich nicht um Aufnahme in die erlauchte Gesellschaft. Sie hofierte niemanden. Stattdessen unternahm sie etwas anderes. Sie gründete in aller Ruhe – ihre eigene Gesellschaft.

Das Charlottenburger Haus wurde nach und nach zum Treffpunkt eines lockeren Kreises, den Wilhelmine mit Erlaubnis des Königs um sich versammelte. Ständige Gäste waren Gesandte, Minister, Geheimräte, Bankiers, Fabrikanten und Künstler. Ein bürgerliches »Kränzchen«, wie sie es nannte. Die feinere und freiere Geselligkeit wurde hier gepflegt, geistreiche Leute aus verschiedenen Ständen fanden zueinander, besaß Wilhelmine doch die Gabe, ihren Gästen eine zwanglose Unterhaltung zu verschaffen. Pauline

Wiesel soll hier gesehen worden sein, ebenso Rahel Levin, lange bevor sie ihre eigenen Salons gründeten.

Die Herren erschienen zumeist in Begleitung ihrer Frauen, und jeder durfte zu den Treffen einen Fremden seiner Wahl mitbringen, sodass die Gastgeberin im Laufe der Jahre eine Unzahl an Bekanntschaften machte. Madame Ritz galt als mächtige Frau, man bewarb sich um ihre Gunst, und eine Einladung in ihr vielgerühmtes Palais kam einer Auszeichnung gleich, da immer zu hoffen stand, man träfe, außerhalb des höfischen Zeremoniells, den König dort.

Auch Lord Templetown wurde auf diese Weise bei ihr eingeführt, ein junger Engländer aus bestem Hause, exzentrisch und voller Überraschungen, doch ein Mann von Geist und guten Manieren. Er gefiel als glänzender Causeur, seine ausgelassenen Reden machten ihn zum Mittelpunkt einer jeden Abendgesellschaft, zumindest einer solchen, die des Englischen mächtig war. Wilhelmine schätzte seinen Witz, seine pointenreichen Erzählungen, und sie schätzte seine rückhaltlose Zuneigung. Der König ging in dieser Zeit mit der Gräfin von Dönhoff anderen Leidenschaften nach. Eine Zeitlang galt der schöne junge Mann als ihr *aimant déclaré,* als ihr erklärter Verlobter, sie ließ ihn bei sich wohnen, fuhr mit ihm aus, speiste mit ihm, ständig sah man sie zusammen. Er wollte sie heiraten.

Der Plan aber scheiterte, nicht an der Ehe mit Ritz, die doch nur – das war ein offenes Geheimnis – auf einem Scheinkontrakt beruhte, vielmehr an der Einwilligung des Königs. Um seine Zustimmung gebeten, zögerte Friedrich Wilhelm lange. Wie hätte er Wilhelmine entbehren können? Seine einzige wahre Vertraute. Sie hatte ihm nach dem Tod der Ingenheim beigestanden. Sie war an seiner Seite, als er im Neuen Garten die Urne zu deren Gedächtnis aufstellen ließ. Wilhelmine, sein Trost. Der König erteilte seine Zustimmung nicht.

Später hieß es, der umschwärmte Gentleman wäre ein Spion gewesen, den der englische Hof ausgesandt habe, um bei einem Tête-à-Tête mit der Geliebten des Königs auf diesen selbst Einfluss zu gewinnen. Als dies nicht gelang, habe er den Befehl erhalten, abzureisen. Tatsache ist, dass er genauso plötzlich aus ihrem Leben verschwand, wie er gekommen war. Es gibt nichts, das darauf schließen lässt, ob der Spionageverdacht zutrifft oder ob ihn andere Gründe, vielleicht Wilhelmine selbst, zur Abreise veranlasst haben. Jedenfalls nahm sich Wilhelmine kurz danach auf Bitten von Lord Templetowns Mutter dessen Bruder an, der in Berlin die Militärschule besuchte. Der bedankte sich für die Fürsorge mit artigen Worten und sagte, dass er sich »immer als Ihr bester Freund« ansehen würde.

Auch wenn die Fama anderes berichtet, so ging man in ihrem Hause eher harmlosen Vergnügungen nach. Man trieb, so schildert Wilhelmine später, »keine höheren Geschäfte als die ganz gewöhnlichen; wir spielten Karten, sangen, musizierten, kurz, wir übten das allbekannte ›Freut euch des Lebens!‹«

Auch der dicke Schmits trug weiterhin zur guten Stimmung bei. Seit einer Weile nannte sie ihn Falstaff, und nicht mehr ihren Liebsten, wie in den ersten Jahren. »Bald hätte ich vergessen«, schreibt Wilhelmine an den König, »dass meines Falstaffs Namenstag dieser Tage ist und ich ihm ein kleines Geschenk machen will. Nun bitte ich Sie, dass Sie mir erlauben, ein kleines Servis Porzellan auszusuchen, das ich ihm in Ihrem Namen geben kann ... Ich habe den Dicken so lieb, weil er so ehrlich ist ... und man seinen Spaß mit ihm hat wie mit Falstaff.«

Man liebte es zu deklamieren, Mitglieder der Akademie traten auf, Karl Wilhelm Ramler etwa, der Odendichter, von dem es hieß, er habe mit seinen Versen die Berliner Ohren so verwöhnt, dass es für jeden gefährlich sei, nach ihm zu kommen. Er unterrichtete an der Schule des Kadettenkorps angehende Offiziere in Philosophie und war von Friedrich Wilhelm in die Direktion der Königlichen Schauspiele berufen worden, wo er neue Stücke auszuwählen hatte, zu »beraspeln und zu befeilen«. Lessing schätzte seine Fähigkeit, Mittelmäßiges »aufzustutzen« und Wilhelmines Gesellschaft sein Talent, aus dem Stehgreif Altbekanntes umzudichten. Da er auch nicht vor derben Veränderungen zurückscheute, übernahm er die komischen Partien des Abends. Die eher tragischen gestaltete der Hofpoet des Königs, Antoine Filistri de Caramondiani, er »stimmte den Homer an«, und man spielte mit verteilten Rollen. Wenig Ausschweifendes also. Das Palais, das einen solch stolzen Anblick bot, kannte nur Zirkel gediegener Bürgerlichkeit.

»Das war mein Hof, den ich um mich versammelte«, schrieb die Gastgeberin später, »und eines solchen Hofes würde sich, glaube ich, selbst Ludwig der Heilige nicht zu schämen haben.«

Aber es ging auch um ganz handfeste Dinge im Leben.

Kapitel 12

Alexander

»Ich schicke Ihnen ... eingemachte Früchte ..., vielleicht macht es Ihnen doch Freude, weil es von Line kommt ...«, schreibt die Gastgeberin glänzender Soireen an Seine Majestät nach Potsdam. Höchstpersönlich hat sie das Apfelkompott und die gezuckerten Stachelbeeren in die Gläser gefüllt, die ins Marmorpalais gehen. Kochen kann sie seit jeher. Und wie alles, was Wilhelmine anpackt, so macht sie auch dies mit Hingabe. Ihren Maultaschen, nach dem originalbadischen Rezept ihrer Mutter zubereitet, war der König schon als Kronprinz rettungslos verfallen. Unvermindert allen leiblichen Genüssen gegenüber aufgeschlossen, schätzt er es, anständig bewirtet zu werden. So scheut sich die Dame der Gesellschaft nicht, selbst am Herd zu stehen, und weil oft frisches Geflügel auf den Tisch kommt, betreibt sie, ohne zu zögern, den Bau eines Entenstalls – inmitten der englischen Landschaftspracht. Ohnehin hat sie schon einen Gemüsegarten und einen Hain mit Obstbäumen anlegen lassen, ein Gewächshaus mitsamt einer Meierei. Damit die Gebäude nicht allzu prosaisch wirkten, versah sie sie mit Blendwerk.

Wie um das seelische, so kümmert sie sich um das körperliche Wohlergehen ihres Freundes, und in mütterlicher Fürsorge fordert sie ihn auf: »Tragen Sie Korksohlen in Ihren Schuhen oder kleine wollene Socken.« Ob er ihrem Rat auch folgen wird? Um ganz sicher zu gehen, stellt sie in Aussicht: »... ich selbst will sie Ihnen stricken.« Wilhelmine kann auch sparsam sein. Ein Erbteil ihrer Herkunft. Und Wilhelmine versteht es, auch den profanen Dingen des Alltags wie eine Botschaft ihre Zuneigung mitzugeben, sie weiß sich damit unentbehrlich zu machen. So kommt es, dass der König von Preußen vielleicht als einziger unter den Herrschern Europas Selbstgestricktes, und zwar von der Hand seiner Geliebten, an den Füßen trägt. Den Hang zur Häuslichkeit teilen sie miteinander. Denn auch er liebt das Praktische, er schwingt Hacke und Beil, als er mit Eyserbeck um das hochwachsende Marmorpalais herum den Neuen Garten anlegt, allerdings niemals, um Bäume zu fällen. Bei seiner »besten Line« beschwert er sich, dass »... der infame Gärtner den alten Apfelbaum, der zwar fast tot war, ohne meine Order abgehauen hat.« Ein Sakrileg. Darüber mag er sich – »... das hat mir sehr geärgert und betrübt« – gar nicht mehr beruhigen. Lieber setzt er sein neues Haus auf einer Pfahlkonstruktion beinahe ins Wasser als eine alte, auf das einstige Weinhaus zuführende Akazienallee zu opfern. Friedrich Wilhelm gärtnert gern, auch auf Wilhelmines Anwesen. Im Neuen Garten versucht er sich im Züchten neuer Rosensorten, worin er es unter Anleitung des Vaters Ritz in Potsdam »vor dem Berliner Tor« seinerzeit schon zu einer passablen Könnerschaft gebracht hat.

Was man bei sich in Haus, Hof und Garten an Naturalien produziert, was man selbst schätzt, macht man sich gegenseitig zum Geschenk. Er schickt ihr Blumensamen für frisch angelegte Beete in Charlottenburg und eine »schöne schilt Krötte«, wofür sie sich »tausendmal« bedankt, und sie schickt ihm mit einem »lieben Bären«, der so zahm [ist] wie ein Hund und sehr ehrlich« noch sechs Rosenstämme, »welche dem [Neuen] Garten sehr nutzen werden.« »Lassen Sie sie doch nicht weit von Ihrem Marmorhaus bringen«, wünscht sie sich, damit er ihr blühendes Geschenk im Sommer allzeit vor Augen habe.

Kaum dass die Neumarkschen Güter gekauft waren, fuhr sie hin, um sie für ihre Kinder in Besitz zu nehmen. Ob die Butter- und Eierabrechnungen stimmten? Sie stellte den schlechten Zustand der Ställe und Wohngebäude fest, sie inspizierte das »federpfie« und die Kühe auf der Weide, besprach die Möglichkeiten, die kleinen Höfe wieder »propper« zu kriegen. Das größte, Lichtenau, bestimmte sie für Marianne, das heitere Roßwiese für Lelle und das winzige Berckholzen mit seinem lichten Kiefernbestand für Alexander, der schon das schöne Haus Unter den Linden besaß. Mit dem Gutsverwalter muss sie sich gut verstanden haben, er war ein Mann mit Humor. Die Einkünfte von zwölfhundert Talern schickte er ihr nämlich fristgerecht vierteljährlich – in einem roh gezimmerten Fass mit festem Boden.

Auch in Charlottenburg führte sie Buch. Schon während des Baus, so wurde erzählt, hatte sie alle Lieferungen kontrolliert. Dabei stellte sich heraus, dass die auf den Listen angegebenen Baustoffe mit den tatsächlich vorhandenen Mengen nicht übereinstimmten. Es musste also jemand Steine gestohlen haben. In wirklich vornehmen Kreisen pflegte man so etwas natürlich zu ignorieren. Sie aber ruhte nicht eher, als bis sie den Schuldigen aufgespürt hatte. Es missfiel ihr, betrogen zu werden. Also haute sie dem Gärtner Ohm höchstpersönlich eine runter; dem Königlichen Bauinspektor, der sich wiederholt über ihre Anweisungen hinweggesetzt hatte, schlug sie die Zeichnungen um die Ohren. Fein war das nicht.

Dann mischte sie sich auch noch in die Charlottenburger Bäckeraffäre ein. Seit geraumer Zeit war man in dem Dorf um das Sommerschloss mit dem Gewicht von Brot und Brötchen unzufrieden. Also setzte sie den Magistrat davon in Kenntnis, aber als auch danach die Brote nicht das übliche Maß annehmen wollten, veranlasste sie den König zu einer Order, die die »begründeten Beschwerden mit verschärfter Aufmerksamkeit abzustellen« befahl. Sicherheitshalber stellte sich die Handwerkskammer erstmal hinter ihre Leute, so lange bis Major von Bomsdorff die fehlenden Gramm zweifelsfrei auf einer mitgeführten Waage ablas. Es half nichts, einer der Bäcker, der schuldigste von allen, musste daraufhin für acht Tage ins Gefängnis nach Spandau. Kein Wunder, dass Magistrat und Handwerkskammer nicht gut auf die vermeintliche Urheberin ihres Übels zu sprechen waren, die Bäcker schon gar nicht. Warum kümmerte sie sich auch um solche Lappalien? Hatte sie, die Freundin des Königs, die paar Krumen wirklich nötig? Schnell war man bereit, ihr als Anmaßung auszulegen, als die Verstiegenheiten einer Parvenue, was sie selbst nur für ein Gebot der Gerechtigkeit hielt. Wie bei den Rosenkreuzern und ihren Séancen – faulen Zauber konnte sie nicht leiden, selbst in einem kleinen Brötchen nicht. Gaunereien verletzten ihren Verstand – und ihren Ordnungssinn. Davon hatte sie, bei aller Unbekümmertheit, bei aller Lebensfreude reichlich. Und davon handeln immer wieder ihre Briefe, die von der Spree an den Heiligen See gehen: »Essen Sie nichts von Mehlspeisen und trinken Sie jetzt keinen Wein«, schreibt sie besorgt,

Anton Graff, Friedrich Wilhelm II., 1788

Anton Graff, Wilhelmine Encke, 1788

während sie ihn an ihren Lesefrüchten aus dem Buch »Voyage pittoresque« über die Insel Capri teilhaben lässt, »... und haben Sie die Güte, sich die Füße warm zu halten«, ermahnt sie ihn ausdauernd zwischen Berichten über das Theater am Gendarmenmarkt und den neuesten Spielplan. Mit der größten Selbstverständlichkeit empfiehlt sie zwischen Politik und letzten Neuigkeiten aus der Mohrenstraße Spiritus zum Einreiben gegen Gliederschmerzen und – ganz auf der Höhe der Zeit, in der Verdauungsprobleme ein gesellschaftliches Phänomen der oberen Kreise und somit Gegenstand von journalistischen Leitartikeln sind – ein sanftes Abführmittel.

Von Erotik keine Spur. Stattdessen jede Menge an praktischer Lebenshilfe. Die Briefe, die der preußische König an seine »geliebte Line« schreibt und von ihr empfängt, offenbaren zwar intimste Details, aber eher solche, die eigentlich unter die ärztliche Schweigepflicht fallen oder, wenn überhaupt, nur unter wirklich guten Freunden preisgegeben werden. Jedenfalls keinen Hauch von Frivolität. Stattdessen darf sie lesen: »Das liebe, graue Haar hat mich recht gerührt, das können Sie mir glauben ... ich werde es aufheben, weil es Ihr erstes ist, was Sie gehabt haben; die künftigen hoffe ich nicht zu sehen. Sie haben mich ein wenig geschoren in Ihrem Briefe, dass ich hübsch wäre. Sie wissen ja, dass ich es schon vor zwanzig Jahren übel, sehr übel nahm, wenn Sie es mir sagten, was soll ich jetzt erst tun? Das wissen Sie, dass ich an nichts wahren Anteil nehme als an dem, was Ihnen angeht.« Ob sie ihm glaubt? Jedenfalls macht sie gewissenhaft aus allen weiteren grauen Haaren einen Ring – und legt in ihrem Wundergarten einen Kinderspielplatz an. Während er am Heiligen See einen im Wasser halb versinkenden Tempel zur Küche macht, einen Eiskeller zur ägyptischen Pyramide, Aschenurnen mit Porträtzügen von Verstorbenen zwischen dem Gebüsch aufstellt, ein Elysium und eine Eremitage, bemalt mit astrologischen und rosenkreuzerischen Zeichen errichtet. Wie sie umgibt er sein bizarres Reich mit einer Mauer, wünschte nichts mehr, als die Gesellschaft und die »verfluchte Arbeit« der Regierung hinter sich zu lassen, um sich im Neuen Garten »wie ein Wilder« einzuschließen und allein seiner »Line« und ihren Kindern zu leben. Am Ende aber steigt er doch auf sein Pferd und galoppiert nach Charlottenburg, zu Lines Tisch und Kerzenglanz. Größte Freude bei den Kleinen, wenn der verehrte Papa und der »liebste Pathe« durch den Felsentorweg geprescht ist, und kaum dass er abgesprungen, den Staub vom blauen Gewand geklopft hat, nichts anderes mehr vorhat, als für jeden abwechselnd die Schaukel anzustoßen.

Unter all seinen Kindern, den ehelichen sowie den illegitimen, galt Friedrich Wilhelms Vorliebe seinem Sohn Alexander. Er liebte den Blondschopf bis zur *adoration,* denn das drollige, intelligente und immerzu fröhliche Kind vermochte oft genug des Vaters düsteres Gemüt aufzuheitern. Mirabeau schrieb – und da darf man ihm glauben – der Knabe sei der einzige Mensch gewesen, der den König aus seiner anfallartigen Lethargie zu lösen vermochte. »Sein Angesicht«, so Mirabeau, »glänzt, wenn er ihn nur sieht, am Morgen beschäftigt er sich lange mit diesem Kinde, unter allen seinen fortwährend wechselnden Launen ist diese Zuneigung die einzige, die sich regelmäßig erhält.«

Als Anderchen schon früh eine Neigung zum Militärischen zeigte, bekam er einen Soldaten zum Erzieher, den Infanteriemajor Chappuis, einen reformierten Schweizer aus dem Kanton Basel. Dieser brachte seine Schwester Johanna Margarethe mit, die später zur Gesellschafterin Wilhelmines wurde und eine der wenigen war, die ihr nach dem Sturz die Treue hielt. Anderchen wohnte bei seiner Mutter in Charlottenburg, nahm mit ihr kurze Aufenthalte im Palais Unter den Linden, bevor er von seinem Vater, der ihn in seiner Nähe wünschte, nach Potsdam geholt wurde. So lange sich das Marmorpalais im Bau befand, residierte der König in Sanssouci. Das Kind brachte er im Lordmarschallhaus unter, nahe dem Eingang zum Park. Bis zu seinem Tod 1778 hatte hier Graf George Keith gewohnt, der Lordmarschall von Schottland, Diplomat in preußischen Diensten und Friedrichs II. nächster Vertrauter. Täglich hatte er sich in einer Sänfte über die Treppen auf die Terrasse des Schlosses tragen lassen, um dem alten König allzeit für den Austausch von Gedanken zur Verfügung zu stehen. Nun tollte ein Knabe auf einem Pony durch den Park, unternahm dort lärmende Kutschfahrten mit seinen Geschwistern, bot seinem Vater in manch trüben Stunden

Trost. Alle Hofparteien kannten den beruhigenden Einfluss, der von dem Kind ausging, und manche entsandten es als Boten, wenn sie des königlichen Wohlwollens sicher sein wollten. Mirabeau erzählt, dass neben den Rosenkreuzern auch die »Fronde«, der Kreis um Prinz Heinrich, zu diesem Mittel gegriffen hätten. So ist nicht ausgeschlossen, dass die Gerüchte auf Wahrheit beruhen, die besagen, der Knabe sei von einer der Cliquen, die der Ritz Schaden zufügen wollten, vergiftet worden. Denn es geschah am 1. August 1787 um die Mittagszeit, dass das kräftige, rundum gesunde Kind, mitten im Spiel jählings von heftigen Krämpfen befallen wurde und binnen weniger Stunden verstarb. Es war achteinhalb Jahre alt. Die Ursache, heißt es, sei »Gallenfieber« gewesen, so steht es, fragwürdig genug, auf der Todesurkunde, eine Krankheit, die man häufig konstatierte, wenn man um eine Diagnose verlegen war. Eine Obduktion wie später bei der Gräfin Ingenheim wurde nicht vorgenommen.

Friedrich Wilhelm selbst hielt diesen frühen Tod für ein Zeichen höherer Mächte, für eine Heimsuchung. Noch im August wandte er sich an einen Ordensbruder: »Ich habe dieser Tage ein hoffnungsvolles Kind verloren ... der Verlust geht mir sehr nahe ... Ich bin fest überzeugt, dass dieses gute Kind unaussprechlich glücklich ist und der Gedanke würde mich hinlänglich trösten und ... wenn ich nicht befürchtete, dass dieser Todesfall eine Strafe von Gott wäre wegen der von mir vollzogenen [morganatischen] Verbindung und dass ich dadurch bei ihm Schutz und Kraft verloren, ... und betrübet mich sehr und bitte mir deshalb Ihren Rat und Beistand aus ... Ormesus.«

Untröstlich waren die Eltern über den Verlust ihres Kindes.

Ihrer Trauer verdankt die Welt Schadows sensationelles erstes Meisterwerk, das Grabmal des Alexander von der Mark in der Dorotheenstädtischen Kirche zu Berlin, wo der Vater seinen Sohn bestatten ließ. Der junge Bildhauer Johann Gottfried Schadow kannte Frau Ritz. Er hat in seinen Aufzeichnungen jene kleine Szene überliefert, in der er um 1780, ein linkischer Lehrling von sechzehn Jahren, für seinen Lehrmeister, Jean-Pierre-Antoine Tassaert, eine Bestellung in dem für ihn geheimnisumwobenen Haus der Gelieb-

Johann Gottfried Schadow, Grabmal Alexanders von der Mark (Ausschnitt)

ten des Thronfolgers auszurichten hatte. Dabei war er einiges gewöhnt an Weltdamentum, nahm doch die französische Gattin seines Meisters, die ihm das Zeichnen beibrachte, zwischen den Instruktionen regelmäßig eine Prise Schnupftabak. In Wilhelmines Haus indes herrschte das galante Zeitalter. Die Dame des Hauses war gerade aufgestanden, der junge Mann erhielt dennoch sofort Zutritt, und wie war er erschrocken, als sie ihn im rosenfarbenen Negligé empfing. Mademoiselle Encke winkte den Jungen herbei und fragte ihn aus. Nicht nach seinen Eltern, nicht nach seinen ersten Versuchen in Gips und Ton. Ob er auch schon einen »Schatz« habe, wollte sie fröhlich lachend wissen. Fassungslos, über und über errötend, stürzte er, ohne ein Wort herauszubringen, aus dem Zimmer. Danach machte er sich Vorwürfe über die vertane Chance. Denn eine schlagfertige Antwort hätte ihm gewiss ihre Gunst eingetragen. Aber später hat sie sich seiner doch erinnert. Es ist anzunehmen, dass ihm ihr Haus an der Spree zugänglich war, bevor er sich auf seine italienische Reise machte, denn die Skizzen zum Kopf Alexanders entsprangen sicher persönlicher Bekanntschaft.

Nach seiner Rückkehr aus Rom arbeitete Schadow in der Porzellanmanufaktur. Kurz danach trat er die Nachfolge seines verstorbenen Lehrers Tassaert an und wurde, überraschend genug, von Friedrich Wilhelm II. zum Leiter der Hofbildhauerwerkstatt ernannt. Er war vierundzwanzig, hatte in Rom mehrere Jahre nach Antiken gezeichnet, erfolgreich an einem Künstlerwettbewerb teilgenommen und im dortigen Künstlerkreis Antonio Canova kennen gelernt. Kurz: Schadow war vermutlich auf dem aktuellen Stand der damaligen künstlerischen Diskussion. In Berlin aber war er noch ein völlig Unbekannter. Da traf ihn die Wahl Wilhelmines. Sie wünschte keinen Vertreter aus Friedrichs altmodischer Hofbildhauerschule. Sie wünschte ein Grabmal ohne christlichen Schauder, kein Memento mori, keine Angst vor ewiger Verdammnis. Wie ließe sich dem Tod der Schrecken nehmen?

Anmutig hingestreckt liegt das schöne Kind auf seinem Sarkophag. Wie im Schlummer ist es auf weiche Kissen gebettet, gelöst ruhen die Glieder, der Kopf sanft geneigt, den leicht geöffneten Fingern entsank ein Schwert. An den Füßen trägt der Knabe zierliche Sandalen; sein Helm ist neben die Kissen gerollt. Als wäre er, müde vom Spielen, in einen tiefen Schlaf gesunken, als träumte er weiter von kindlichen Taten – Wilhelmine soll, als sie die Skulptur zum ersten Mal in Schadows Werkstatt sah, überwältigt niedergesunken sein und den Knaben aus Marmor geküsst haben, so lebendig war er ihr erschienen.

Ein weiteres Erinnerungsmal für den Toten errichtete die Mutter in einem besonderen Raum ihres Charlottenburger Hauses. Das Sterbezimmer Alexanders wurde zur Hauskapelle. Wieder war es Schadow, der diesen »Raum der Andacht« mit Reliefs und Wandmedaillons versah. Auf einem entschwebt der Todesengel, ein schlafendes Kind bergend, in himmlische Höhen. Das Kind trägt die Züge Alexanders. So herzzerreißend ist auch dieses Werk Schadows, dass der König, von Rührung überwältigt, davor nicht zu beten vermochte.

Kapitel 13

Gift und Gegengift

Drei Tage nach Alexanders Tod: Friedrich Wilhelm und Wilhelmine gehen durch ihren Charlottenburger Garten. Papa, Papa!, ruft plötzlich eine wohlbekannte Stimme. Noch steht der König wie gelähmt, da stürzt auch schon Rikchen herbei: »Papa, ich habe meinen Bruder rufen hören.« Der Vater ist erschüttert und in seiner tiefen Trauer – mit einem Schlag von Herzen froh. Sein toter Sohn hat zu ihm gesprochen. Die Mutter vermag ihn nicht davon zu überzeugen, dass wohl ein in der Nachbarschaft spielendes Kind diese Worte gerufen hat. Durch nichts ist er von dem Glauben abzubringen, der Himmel habe ihm dies Zeichen gesandt. Welch ein Trost in seinem großen Schmerz, ein Weg ins Jenseits hat sich aufgetan. Und endlich hat sich ihm der Gott der Rosenkreuzer offenbart. Endlich wurde er für würdig erachtet, wie damals in Schatzlar, als er seine Erweckung erlebte. Wie hatte er sich nach einer solchen Gnade gesehnt und Bischoffwerder stets um seine Geisterrufe beneidet. Wilhelmine aber erlebte eine andere Offenbarung. Mit Entsetzen muss sie den wahren Gemütszustand ihres Geliebten erkannt haben. Soviel religiöse Verzücktheit, daran bestand kein Zweifel, war nicht gesund. Offenbar hatte der Einfluss der Rosenkreuzer weiterhin sein unheilvolles Werk verrichtet. Geradezu besessen schien ihr der Freund von seiner neuen Idee. Durfte sie, die einzig wahre Vertraute des preußischen Königs, diesem Treiben tatenlos zusehen?

Da reift in Wilhelmine ein Entschluss. Sie wird die düsteren Ordensherren mit ihren eigenen Waffen schlagen. Einmal schon hat sie es versucht, vor Jahren in Dessau, als der Geliebte von seinem Wunderglauben nicht abzubringen war. Auch damals musste sie einen anderen Weg als den der Vernunft beschreiten, um ihm weiterhin nahe sein zu können. Auch sie sah nun Geister. Ein Spiegel fiel von der Wand, eine Geige spielte, ohne dass eine Hand sie berührt hätte. Detailliert hatte sie damals diese »Vorkommnisse« nach Potsdam berichtet. Wie glücklich der Geliebte war. – Seine Line. Welcher Gleichklang der Seelen. Und dann erschienen die Geister der Hohenzollern, Friedrich Wilhelm I. und der Vater des Prinzen wandten sich der Träumenden zu. Aber bevor sie verstehen konnte, was sie sagten, verflüchtigten sie sich. Denn Wilhelmine beherrschte den Tonfall ihrer Rede noch nicht. Das war jetzt, vier Jahre später, anders.

Unterdessen hat sie viel über die Rosenkreuzer gelernt, ihre Winkelzüge, die Wahl ihrer Worte und vor allem, wie sie ihre »Gaukeleien« inszenieren. Sie weiß, dass auch banale Ereignisse, alle natürlichen Erscheinungen, das Knacken alter Möbel, das Prasseln des Feuers im Kamin von ihnen übernatürlich gedeutet werden. Der ganze Hof befindet sich im Geisterfieber, allen voran die Königin, die auch des Mittags schon Außerirdisches erblickt, etwas »Besonderes«, wie es heißt.

Wilhelmine rüstet sich. Sie weiß, sie verfügt entschieden über einen Feldvorteil. Dagegen werden die rosenkreuzerischen Einflüsterungen machtlos sein, und die Herren selbst vor Neid erblassen. Sie kennt nämlich einen Geist, ganz persönlich und besser als jeder andere. Es ist der Geist desjenigen, der den König im Innersten berührt. Damit hält sie einen unschlagbaren Trumpf in der Hand, sie wird ihn ausspielen, zu ihres Freundes und zu ihrem Nutzen.

Der Orden erfährt derzeit Zuwachs, man blickt auf Breslau, auf neue Brüder im Geiste. Ein Trio mit ehrgeizigen Zielen ist dort auf den Plan getreten, bestehend aus dem Kirchenpropst Hermann Daniel Hermes, einem eifrigen Verfechter orthodox-mystischer Glaubensrichtungen, einem bankrotten Kaufmann namens Heinrich Oswald, der intime Unterredungen mit Jesus Christus führte und einem armen Findling, der, nach Mesmerschen Methoden zum Medium abgerichtet, im Trancezustand für Kranke Heilungsvorschriften aussprach. Diesen Wundertätern mit vermeintlich hellseherischen Talenten begegnete der König in Breslau, als er im August 1790 mit dem Vertrag von Reichenbach den drohenden Krieg gegen Österreich abwandte und wie ein Friedensstifter gefeiert wurde. Mit Bischoffwerder und anderen Mitgliedern der Regierung wie

Graf Haugwitz und Graf Hoym wohnte der König der »Himmelfahrt« einer Somnambulen bei, ehrfürchtig lauschte man den einstudierten Sätzen der angeblichen Hellseherin, die sie direkt zum Ewigen hinaufsprach, um ebensolche von dort zu zurückzuempfangen. Lediglich Graf Hoym zeigte sich ungerührt von dem Spektakel, was, wie er pflichtschuldigst einräumte, wohl am Material seiner Gewänder lag. Geister, so meinte er, schätzten Seide nicht. Der König aber meldet sein Erlebnis aufgeregt an Wilhelmine: » Es hat mir sehr gerührt ... habe gewaltigen Trost empfangen ... so die Magnetisierte besondere Erleuchtung und Segen von oben hat.«

Von nun an geben die Drei unter Bischoffwerders Führung den König nicht mehr frei. Oswald gelingt es, zum Vorleser nach Potsdam bestellt und zum Hofrat ernannt zu werden, mit sich führt er sein Medium, sodass die Sitzungen, in denen Gott seinen armen Sündern ihre Verfehlungen nachsieht, allzeit für den König erreichbar abgehalten werden können. Dafür ausersehen ist das Lordmarschallhaus am Park von Sanssouci, der Ort, wo Alexander bis zu seinem Tod gelebt hat, und kurz danach die Gräfin Ingenheim einzog, die hier 1789 verstarb – Friedrich Wilhelm verfuhr nicht immer taktvoll mit dem Geist von Räumen. Als müsse er auch dafür Buße tun, schreibt er an Oswald, er fürchte stets, »durch meine sündige Natur Gott in seinem Gnadengange gegen mich in den Weg zu kommen; vielleicht gibt der Geist der guten Somnambule in clairvoyantem Zustand noch manchen Rat zu meiner Besserung.«

Um diese Zeit holt Wilhelmine zu ihrem größten Schlag aus. Sie schreibt an den geliebten Freund, der Geist ihres Sohnes Alexander sei ihr erschienen. Die Nachricht wirkt überwältigend. Kein Hauch von Skepsis. Der König ist tief getroffen.

Sofort trägt er Wilhelmine auf, alle Erscheinungen in einem kleinen blauen Buch genauestens zu protokollieren. Auf fünfundsiebzig Seiten erfindet Wilhelmine Hunderte von Begegnungen mit ihrem toten Kind – im Kampf mit einer Clique um den Einfluss auf den König, im Kampf um die geschundene Seele ihres geliebten Mannes. Am 27. Mai 1790 legt sie die erste Botschaft ihres Sohnes nieder: »Wer in der rechten Gestalt vor dem dreieinigen Gott erscheint, der wird ... zu allen Zeiten angenommen werden; möchte er seinem Herzen folgen. Das ist gut. Seine Sinne taugen nichts, Unglück wird ihm zu mehrerem Licht, Glück zur Liebe des Vaters führen ... seyd treu. Gelobt sei Gott! Wann heute ein warmes Lüftchen um Ihnen ist, das bin ich!« Oder, am zweiten Adventssonntag: »Sage meinem Vater: Kömmt Zeit, kömmt Stunde. Er soll aber nicht zuviel darauf denken. Er weiß, was ich meine.« Die Worte des Geistes übten eine magische Wirkung aus, Friedrich Wilhelm glaubte, was er las. Ob ihm nicht doch die Spuren von Witz auffielen, die Wilhelmine wie Haarrisse im Porzellan über die mystischen Sentenzen legte? Regelmäßig versorgte sie nun den Vater mit den Verlautbarungen des Sohnes aus dem Jenseits. Sie wurden für Friedrich Wilhelm zum Evangelium.

Dann aber hat die Katholikin ihren wohl stärksten Regieeinfall. Eine Szene wie aus dem Jüngsten Gericht inmitten der preußischen Hauptstadt: »Um 12 Uhr mittags kam ich in die Kirche, alles war stille. Ich ging und lehnte mich an das Gitter, welches um das Grab [Alexanders] ist, und betete. Dann nahm ich den Schlüssel, schloss und ging auf das Mausoleum zu. ... Auf einmal eine fremde Stimme; ich wende die Augen nach dem Grabe. Die ganze Kirche ward hell zum Blenden. Die schönsten Töne ließen sich hören und solche Harmonie ist nicht zu beschreiben. Nach dem Grabe zu aber war es so finster, dass ich kaum sehen konnte, ... solcher Erdgeruch. Ich rief laut, Ach Gott, was ist das dunkel. ›Du sollst es sehen, hören.‹ Dies war die Stimme unseres Geistes. Das Grab öffnete sich mit einem Geräusch. Tief unten lag unser Kind, schon ganz aufgelöst, aber die sterbende Miene, wie wir es sahen. Ich wollte zu Tode sinken ... meine Augen wollte ich wegwenden, aber unmöglich, sie mussten starr auf dem Grabe sehen. Millionen Würmer, wie durch ein Mikroskop krochen herum. Der weiße Atlas ... wie Schnee und unverletzt. Darauf waren Buchstaben, die ich nicht lesen konnte. Er ist schrecklich, der Anblick. ›So war alles, was im Fleische war, so wird alles sein, was im Fleische ist. Du hast geseufzet einige Nächte um mein Wegsein. Es geschah zu deinem Besten ...‹ Millionen solcher Gestalten, wie ich die Nacht sah zum ersten August, so lieblich, wie er unsern Geist ansah, seinen Mund öffnete, eine Stimme ganz wie Harmonica: ›Ich war von Anfang an zum Schutzengel diese Seligen bestimmt. Ich liebe ihn, werde jetzt für ihn sprechen, weil er nicht sprechen soll: Dessen Vater wird nichts schwerer werden ... Er wird schauen die Verewigung. Eher tue er nichts. Jetzt ist seine Berufszeit.‹ Unser Geist [Alexander] sah den andern an, mit einem Blick voll Wehmut, und der große Geist, der zuerst gesprochen, sagte nun zum Ewigen und Ewigen, zum Erlöser: ›Gelobt sei der Dreieinige‹; so klang es in der ganzen Kirche. Wie ich nach Hause gekommen bin, weiß ich nicht, und wie ich dies geschrieben, weiß ich auch nicht; es überfiel mir ein Schlaf.«

Friedrich Wilhelm war ergriffen. Weniger jedoch die Untersuchungskommission, die sieben Jahre später neben anderen Vergehen die Gräfin Lichtenau des Betrugs in drei schweren Fällen überführen sollte. Allesamt nüchterne Männer des Rechts, staunten sie nicht schlecht über ihren Einfallsreichtum. Aber man schüttelte auch einhellig den Kopf. Ein Vernehmer fragte zweifelnd, ob sich denn der König wirklich von solchem Schwulst habe beeindrucken lassen. Zumal dies gar nicht ihr, Wilhelmines, Stil sei. Ihre Antwort, das sei nun einmal die Geistesverfassung des Königs gewesen, auf anderes habe er nicht mehr reagiert, überzeugte die Richter, die ihren verstorbenen König gekannt hatten. Schwerer wog ein anderer Verdacht. Er richtete sich auf das Zentrum von Wilhelmines Geistertheater, das sie so täuschend echt zu spielen verstand. Hier hatte eine Dame von Welt, als espritvoll gerühmt, eine perfekte Kopie des rosenkreuzerischen Raunens geliefert, so verblasen und nebeltrüb wie es die Breslauer Protokolle nicht besser wiedergaben. Hatte sie nicht am Ende mit der Sekte gemeinsame Sache gemacht, ja war sie nicht insgeheim eine von denen? Dieser Verdacht verletzte Wilhelmine zutiefst, mehr als alle anderen – und ließ sich mit der Korrespondenz von Friedrich Wilhelm II., Oswald und Bischoffwerder triumphal entkräften.

Bischoffwerder war der erste, der erkannte, welche Gefahr von den Auftritten des verstorbenen königlichen Sohnes ausging. Und er musste ahnen, wie es dazu gekommen war. Ein grandioser Schachzug der Ritz, ganz unbestreitbar. Stets unterschätzte man diese Frau. Schon vor Jahren hatten sie sich getäuscht, niemand hatte mit soviel Beharrlichkeit, Willensstärke gerechnet, und damit, dass sie nie klein bei gab. Aber nun? Aus einer furiosen Kämpferin war eine listenreiche Feindin geworden. Ebenbürtig war sie, daran bestand kein Zweifel mehr. Bischoffwerder sann augenblicklich auf einen Gegenzug. Wenn das Gefecht nicht verloren sein sollte, dann half nur eines: Man musste die Ritz als Bündnispartnerin gewinnen. Also bezog man sie fortan in die seherischen Erleuchtungen mit ein, die die Somnambule vom Ewigen empfing, in der Absicht, ihr zu schmeicheln, sie gnädig zu stimmen. Direkt war sie natürlich nicht beteiligt, aber man wusste, dass der König ihr, da sie nun selbst Erscheinungen hatte, die Protokolle zeigen würde. Wenn er keine Gelegenheit fand, sich dem Erlebnis der Sitzungen selbst zu unterziehen, übermittelte man ihm die jeweiligen »Himmelfahrten« schriftlich: »Du denkst recht, [edler Oswald]«, hieß es da, »dass Madame Ritz auch in den Plan Gottes gehöre ... Sei ihr Freund, nur handle mit Klugheit, um nicht ihrem Manne Anlass zur Jalousie zu geben.« Wilhelmine wunderte sich, dass der Versuch der Rosenkreuzer, sich ihr anzunähern, so stümperhaft begann: »Das ist schon um deswillen, weil es mit einer Warnung vor Jalousie meines Mannes ... verbunden ist, sehr lächerlich«, sagte sie später zu den Richtern, die ihr stumm beipflichteten. Schließlich wusste jeder in Potsdam und Berlin, dass die Ehe Ritz noch nicht einmal auf dem Papier bestand. Geschick hingegen verriet der nächste Versuch. Sie schlugen sich auf ihre Seite in dem »Liebesroman«, der sich zwischen dem König und der Gräfin Dönhoff vor den Augen des Hofes abspielte. Doch dort zeichnete sich in Wirklichkeit längst schon ab, was das Protokoll scheinbar hellseherisch verkündete. »Glaube nicht, Oswald, dass zwischen dem König und der G[räfin] D[önhoff] eine wahre Liebe ist. Diese Verbindung wird ihm jetzt vielmehr Veranlassung zu viel Leiden und Prüfungen ...«

Dann wies der König Wilhelmine brieflich an, Oswald in ihrem Charlottenburger Palais zu empfangen, »wo ich genötigt wurde«, wie sie später schrieb, »mir stundenlang sein einfältiges Zeug anzuhören. Er sprach vom Kampfe und errungenem Siege über Satan. Seine Lächerlichkeiten gingen so weit, zu erzählen, er habe von Jesus Christus Besuch erhalten ... Ich hielt ihn für verrückt.« Der preußische König nicht.

Die Versuche der Rosenkreuzer, Frau Ritz und die Erscheinungen ihres Sohnes für ihre Zwecke in Dienst zu nehmen, schlagen gründlich fehl. Vielmehr ist es Wilhelmine, die mit ihren Erfindungen die Breslauer dirigiert. Der König, darauf war Verlass, teilte den Hellsehern stets sofort alle Erscheinungen seines Sohnes mit, genauso wie er sie von ihr gehört hatte und wie sie im blauen Buch standen. Die wiederum wählten davon das für ihre Pläne Passende aus, veränderten es leicht und ließen es ihr Medium auswendig als Gotteswort wiedergeben. Da das Protokoll ihrer Aussprüche an den König ging, der Wilhelmine jederzeit Einblick nehmen ließ, war es für sie ein Leichtes, ihren nächsten Zug gegen die Breslauer zu machen. Der einzige aber, der nicht Bescheid wusste, war die Hauptfigur in diesem Spiel, der König selbst. Um ihn zu behalten, ihn zu beschützen, betrog sie ihn.

Wie aber, wenn Preußen auf den Rat von Wilhelmines Geistern hin in den Krieg zog oder Allianzen schloss? Friedrich Wilhelm II. zögerte lange, als es zu entscheiden galt, ob Preußen dem französischen König nach der Revolution von 1789 zu Hilfe eilen sollte. Darüber gibt auf geschichtlich denkwürdige Weise das blaue Buch Auskunft. Die Würfel waren längst gefallen, der König befand sich auf dem Feldzug nach Frankreich. Erst am 29. Juni 1792 antwortete der Geist – nicht auf die Frage, ob Preußen die, wie sich bewahrheiten wird, unselige Kampagne unternehmen solle, sondern warum es sie unternahm: »Sage meinem Vater, er wird den erretten, dem Gewalt geschieht von dem, der Unrecht tut. Gott wird mit ihm sein, wenn er fromm und reinen Herzens ist; im Walde wohnen seine Vorfahren. Ihm nach ...« Der Bedrohte ist Ludwig XVI., der mit seiner Familie im Temple, dem Gefängnis in Paris, arretiert war. Vor Beginn des Feldzuges habe sie sich vor einer Empfehlung gehütet, erläuterte Wilhelmine vor der Kommission, und erst als der Krieg im Gange war, habe sie mit Geisterstimme gesprochen. Als sich ohnehin nichts mehr ändern ließ, lag ihr nur mehr am Herzen, den Mut ihres Freundes und seine Lebenskraft zu stärken.

Das versicherte sie auch der Kommission, die zunächst bestrebt war, der Lichtenau eine politische Betätigung nachzuweisen, damit man ihr den Hochverratsprozess machen konnte. Nach peinlich genauer Befragung nahm man ihre Rechtfertigung zu Protokoll, um zu dem auch für die Richter überraschenden Ergebnis zu kommen: »Sie hat beharrlich behauptet, dass es ... unmöglich gewesen sei, das Gemüt des Königs vom Glauben an Wunderdinge abzubringen; dass dieser Glaube den König in seinem Gemüthe ... unglücklich und verzweifelt gemacht, dass sie unaufhörlich auf Mittel gedacht habe, den König zu beruhigen ... und kein wirksameres Mittel habe auffinden können, um den König zu trösten als auch ihrerseits Erscheinungen ihres Sohnes vorzugeben. Von diesem Zeitpunkt an sei der König in sie gedrungen, um von diesem Geiste Belehrungen und Anweisungen zu bekommen. Dies habe sie ... auf keine Weise ablehnen können, die Antworten aber so eingerichtet, wie sie dem schon vorher gefassten Entschlusse des Königs am angemessensten gewesen wären.«

Auch wenn es ihnen nicht leicht gefallen sein mag, stellten die Richter in ihrem Urteil übereinstimmend fest: »... eine Spur eines schädlichen Missbrauchs in politischer und eigennütziger Rücksicht ist nicht zu entdecken gewesen.«

Das also ist die Gräfin, der man nachsagt, mit Spukgeistern habe sie die Geschicke Preußens gelenkt, der Nachfolger des großen Friedrich habe nichts anderes ausgeführt, als das, was ihm eine Dessauer Trompeterstochter durch den Mund ihres toten Sohnes aufgetragen habe.

Vermutlich trifft es zu, dass sich Wilhelmine Encke nicht unmittelbar in die großen Staatsgeschäfte eingemischt hat. Klug genug war sie, um auf Versuche solcher Art zu verzichten, zumal sie des Königs Abneigung gegen »Weiber, die regieren« kannte. Da er sie aber in jeder Sache um Rat fragte, darf man ihren Einfluss nicht zu gering schätzen.

Der Geist Alexanders hatte nach und nach Verstärkung bekommen. »Denn es wurde mir zum Überdruss, alle Augenblicke die Erscheinung meines Sohnes zu gebrauchen«, sagte Wilhelmine vor der Kommission. »Weil der König aber unaufhörlich über tausendfache Gegenstände fragte, was der Geist dazu sage, erfand ich die Bekanntschaft eines ›rechtschaffenen Mannes‹. Angebahnt wurde das dadurch, das ich angeblich von meinem Sohn länger nichts hörte. Diese imaginären Leute waren keine Wundermänner, aber auch keine richtigen Personen. So brachte ich ihm meine Ansichten durch die Blume bei, denn meinen eigenen schlichten Rat hätte der König verachtet, der immer etwas Außergewöhnliches hören wollte.«

Je nach Anforderung wechseln die Personen, aus denen die »besondere« Stimme spricht. Unter Wilhelmines zufälligen Reisebekanntschaften macht der König gern angeblich seherisch begabte Wesen aus. Als sie sich von der Rede eines »Kapuziners am Niederrhein« beeindruckt zeigt, drängt der König so lange, dessen Namen zu erfahren, bis sie sich endlich etwas einfallen lässt. Er gehört von nun an als der »Alte von Maastricht« zur Dauerbesetzung unter den Geistern. Aus Prag schreibt sie etwas über »Kreuzherren«. Darauf der König: Ob das etwa die Nachfahren der Tempelritter seien, den Vorfahren der Rosenkreuzer. Aus Italien berichtet sie von einem »alten Freund«, den ernennt sie kurzerhand zum »Missionar von der Küste Malabars«. Die Geister erteilen nun Rat in kleinen und großen Dingen.

Als er die neunzehnjährige Tänzerin Sophie Schulzki kennen lernt – »schwarzbraun, gewachsen wie ein Licht, gut, bieder, ehrlich« –, fragt er über Wilhelmine an, ob er sich mit seinem neuen Schwarm bitteschön ins Bett legen dürfe. Auf die Erlaubnis von einer Gott nahen Stelle mochte er nicht verzichten. Die Antwort des »alten Freundes« lässt fünf Monate auf sich warten, und erst als Friedrich Wilhelm ein wenig eigenmächtig handelt und die junge Frau zu sich nimmt – »wir seind tages und nachtens beeinander, aber wie Bruder und Schwester« –, lässt sie den Wundermann die Erlaubnis schicken. Allerdings mit der ausdrücklichen Warnung, die Neue dürfe in seinem Herzen niemals den Platz der einzigen, derzeit in Rom weilenden Freundin einnehmen. Wozu sie bei manch politischen Anfragen riet, ist nicht überliefert: Ob eine Allianz mit Österreich oder mit Russland opportun sei, ob die Preußen sich aus Krakau oder Sandomir zurückziehen sollten? Es dürfte ihr nicht leicht gefallen sein, immerzu eine Meinung zu haben, sie zu umgehen oder hinauszuzögern. Einfacher war es schon, ihn zu beraten, vor welchen Speisen er sich in acht zu nehmen habe, da er hoffe,

»keinen Diätfehler gemacht zu haben«. Mitunter aber steht sie mit ihren Geistern vor unlösbaren Problemen. Was soll sie auf die Frage antworten, wo der Ring sei, den schon der Vorfahre Kurfürst Joachim getragen hat? Beim besten Willen: Sie weiß es nicht. Auch da kommt ihr die rettende Idee: Sie schickt den Geist auf Urlaub. »Mein Freund ist jetzt nicht in Wien. Er geht wichtigen Geschäften nach.« Als der König die Freundin fortgesetzt auf ihrer Italienreise bedrängt, findet sie, das sei zuviel. Sie wird streng und lässt den Geist Alexanders auftreten, obwohl der normalerweise nur in Berlin erscheint: »Sage meinem Vater, dass er nun genug weiß. Mehr zu wissen schadet ihm nur.«

Einst als Waffe gegen ihre Feinde erfunden, hat Alexanders Geist diese schließlich mit Erfolg um Jahre überlebt. Wilhelmine besitzt nun die unumstrittene Herrschaft in der Geisterwelt. Denn irgendwann waren die Hellseher vom preußischen Hof wieder verschwunden. Nachdem die Somnambule in ihrer Trance um eine Pension für sich gebeten hatte, mochte der König darin zunächst keinen Verstoß gegen ihr heiliges Amt erkennen. Erst als Wilhelmine ihn auf die unpassende Verquickung von Göttlichem und Pekuniärem aufmerksam machte, entließ er sie. Auch Oswald brachte sich selbst um seine gute Stellung, als er dem König riet, sich wieder mit der Königin zu vereinigen, der künftige Sohn werde ein Heiland Preußens und der Welt werden. Das war auch Friedrich Wilhelm zuviel. Oswald durfte zwar in Potsdam bleiben, verlor aber seinen Posten und allen Einfluss. Bischoffwerder beendete unterdessen die Phase der Enthaltsamkeit. Als die verwitwete Gräfin Wilhelmine Katharine Pinto in sein Leben trat, ließ er sich nicht mehr ausschließlich von Geistern umarmen, was zu einer merklichen Abkühlung im Verhältnis zum preußischen König führte. Nach seiner Heirat bezog er 1795 mit der Gräfin Schloss Marquardt nördlich von Potsdam, wo sie in der »Blauen Grotte«, allein und auch in Gesellschaft gern ihrer langjährigen Lieblingsbeschäftigung nachgingen, dem Geistersehen.

1792 zog sich der König ernüchtert von den Rosenkreuzern zurück. Der Orden versank in der Bedeutungslosigkeit – doch auf Wilhelmine wartete schon ein neuer Feind.

Kapitel 14

Rivalinnen

Noch ein Hoffräulein!

»Ich lebe getrennt von der Königin. Ich bin Witwer der Madame Ingenheim. Ich biete Ihnen mein Herz und meine Hand.« Knapp und unumwunden richtet Friedrich Wilhelm seine Heiratsofferte an die neue, aus Ostpreußen stammende Hofdame der Königin. Seine geliebte Gemahlin, die schöne Sanfte, liegt noch kein Jahr in der Familiengruft in Buch, als der König des diesseitigen Trostes bedarf. Sophie Juliane Gräfin von Dönhoff, zweiundzwanzig Jahre alt, schön, klug, blond, wegen ihrer jugendlich kräftigen Gestalt bei Hofe »Hebe« genannt, hatte den großen Vorzug, dass sie eine musikalische Bildung besaß, sie sang sehr schön und spielte das Pianoforte. Obwohl der König wieder Anfälle von Furcht vor der Sünde, in diesem Falle auch vor der Pietätlosigkeit gegenüber seiner verstorbenen Gemahlin zur linken Hand erlitt, stand

Sophie Juliane von Dönhoff (1768–1838), zweite morganatische Ehefrau Friedrich Wilhelms II., der Wilhelmine den »Geist einer Britin oder Römerin« zubilligte. Aquatinta von Heinrich Sintzenich

ihm Bischoffwerder ein weiteres Mal zur Seite und erleichterte ihm seine Entscheidung. Seine Leidenschaft obsiegte. Wie ihre Vorgängerin bestand die Gräfin auf dem nunmehr schon bekannten Verfahren. Auch Friedrich Wilhelm selbst wünschte ja eigentlich in geordneten Verhältnissen zu leben, sodass im April 1790 die zweite Zweitehe, wiederum von Probst Zöllner, in Charlottenburg geschlossen wurde. Der königliche Gemahl griff in seine Schatulle, verteilte Geschenke an die neue Verwandtschaft, die neue Gemahlin bekam ein Haus für 30 000 Taler.

Doch die Verbindung wurde nicht das reine Glück.

»Die Gräfin Dönhoff fesselte durch jenes Zusammenspiel von Reizen, Liebenswürdigkeit, Capricen und Launen, welche die Leidenschaften noch mehr entflammen«, schrieb Dampmartin, der eine gewisse Übung darin entwickelt hatte, das Seelenleben Seiner Majestät zu beobachten. »Sie meinte aber, es stehe ihr zu, gleich einer Herrscherin mitzureden. Das aber liebte der König nicht. Trotz seiner Artigkeit gegen die Frauen fühlte er sich doch als Herrscher ... Die Dönhoff spielte die Souveränin. Der König dagegen hasste es, mit Damen über Politik zu diskutieren.« Tatsächlich, die Dönhoff mischte sich ein. Zunächst verlangte sie, die Ritz müsse, vergleichsweise bescheiden, nach Potsdam verbannt werden. Die Ingenheim hatte noch das ferne Ostpreußen für ihre Konkurrentin gefordert. Halbherzig zwar, stimmte der König zu. Aber Wilhelmine setzte sich über die Anweisung hinweg, fuhr nach Charlottenburg und schrieb an ihren Freund. Ein einziger Brief reichte aus, um sie wieder in ihre alten Rechte zu setzen. »Ich würde Ihnen längst geschrieben haben, aber mir war so bange, dass Sie würden Verdruss meinetwegen gehabt haben, weil ich drüben [in Berlin] gewesen bin. Also habe ich Ihnen lieber nicht an mich erinnern wollen, denn ich muss gestehen, dass es mich tief in der Seele kränkt, dass ich, [die ich] so viele Jahre in Potsdam wegen des Königs [Friedrich II.] in Furcht und Schrecken sein musste, nun, da er nicht mehr ist ... wenn ich Ihnen einmal sehen oder sprechen will, mich wegen einer Frau verstecken [muss], die Ihnen oder die Sie noch nicht zwei Jahre kennen; und was tat ich dieser Frau? Ich kann keinen anderen Fehler in ihren Augen haben, als dass ich Ihnen zweiundzwanzig Jahre geliebt und verehrt habe; und dass ich nicht just zu der Zeit starb, als Sie ihre Bekanntschaft machten, ist nicht meine Schuld. Dass Sie mich nicht gleich hassten ... hat vielleicht nicht sein sollen ... Ihre Freundin trotz aller Abgunst und Neid.«

Neben der Auserwählten selbst scheint sich auch der Hofadel durch die neue Verbindung den Sturz der Ritz erhofft zu haben. Die allgegenwärtige Oberhofmeisterin Voss erkannte jedoch früh die Vergeblichkeit solchen Strebens. Nachdem sie den König gerade noch, am 30. Januar 1790, wegen seiner Treulosigkeit gegenüber ihrer jüngst verstorbenen Nichte gerügt hatte, notierte sie im Tagebuch im Stakkato den Wandlungsprozess dieser neuen Liebe: »... er ist sehr verliebt ... er lässt seine Schöne nicht aus den Augen ... sie brouilliert ... sie ist plötzlich fort.« Ein knappes Jahr später: »Sie zanken sich fortwährend.« Einen der Gründe meint sie zu kennen: »[Die Dönhoff] macht dem König Vorwürfe, dass er noch immer unter dem Einfluss der Ritz steht.« Drei Tage danach, am 27. Februar 1791: »Sie kann gegen die Ritz und Bischoffwerder nicht aufkommen. Morgen geht sie nach Potsdam ... ich glaube, sie wird nicht lange Einfluss auf den König behalten. Es fehlt ihr durchaus nicht an Verstand, aber sie ist zu launisch.«

Auseinandersetzungen schätzte Friedrich Wilhelm gar nicht, und, wie immer, wenn er seine Gemütsruhe suchte, wandte er sich – an »seine beste Line«. Vergessen der kurze Anfall von Schwäche, in dem er sich gegen sie gestellt hatte: »Die Dönhoff [ist] wetterlaunisch und capricieuse. Ich schere mir wenig darum und lasse sie sitzen – tant pis pour Elle [umso schlimmer für sie].« Dennoch, die Frau an seiner Seite gebar ihm am 24. Januar 1792 einen Sohn, Friedrich Wilhelm. Er wurde 1795 zum Grafen von Brandenburg erhoben und spielte 1848 als General und Ministerpräsident unter Friedrich Wilhelm IV. für kurze Zeit in der preußischen Geschichte eine Rolle.

So sehr sich der König über Nachwuchs freute, er befand sich schon längst auf dem Rückzug. Die Dönhoff aber hat ihre Möglichkeiten überschätzt, wenn sie meinte, die tiefe Freundschaft des Königs zu Wilhelmine Ritz beenden zu können. Der ließ seine Vertraute viel mehr im Detail an seinem inneren Aufruhr teilhaben:

»Ich bin nun einmal mit dem schwachen eigensinnigen Geschöpf zusammengeraten und da muss ich leider schon Nachsicht für ihr haben, seien Sie aber versichert, dass es eine harte Prüfung für mir ist, denn es ist öfters und auch heute eben wieder unausstehlich, ich glaube immer, dass ich bald von der armen Creatur getrennt werde und diese gibt mir Geduld; im Grunde ist sie herzlich gut, aber ihre besonderen Grillen und überspannte Einbildung macht uns öfters das Leben schwer ...« Und Wilhelmine ließ in aller Ruhe den Dingen ihren Lauf. Sie wusste, sie liebten denselben Mann, dachten ähnlich über mancherlei, doch um ans Ziel zu kommen, wählten sie andere Wege, die Favoritin und ihre Rivalin.

Auch Sophie Juliane von Dönhoff, Tochter eines knorrigen Majors, versuchte, gegen den Einfluss der Kreise um Bischoffwerder und Woellner einzuschreiten. Aber sie zeigte darin wenig Einfühlsamkeit, sie kritisierte die okkulten Neigungen des Königs und machte sich darüber sogar ein wenig lustig. Das konnte nicht gut gehen. Endgültig ruiniert aber hat sie ihr Verhältnis zum König durch ein entschiedenes Auftreten in politischen Dingen. Sie drohte ihm, was einer Anmaßung gleichkam. Auch wenn sich darin politischer Weitblick verbarg, das konnte er nicht ertragen. Sie warnte ihn im Frühjahr 1792 vor der Kampagne gegen die französische Republik, und sie sagte das Desaster der Koalition voraus: »Ich gebe Sie ganz auf, wenn Sie sich mit so großer Leichtfertigkeit in ein so gewichtiges und schweres Unternehmen einlassen. Entweder müssen Sie an der Spitze von 200 000 Preußen und 250 000 Österreichern marschieren, oder auf jede Hoffnung des Sieges verzichten. Mit einer Handvoll Leute werden Sie nur Ihr Leben aufs Spiel setzen und Ihre Ehre bloß stellen. Sie werden von den Grenzen zurückgeschlagen werden. Ihre ritterliche Laune macht Sie zu einem Don Quixotte, welcher ebenfalls Berg und Tal durchzog ... ohne auf die Anzahl und Stärke seiner Gegner Rücksicht zu nehmen.« Doch damit machte sie sich nicht beliebt. Als sie sich dann auch noch für einen vermeintlichen Sympathisanten des Pariser Jakobinerclubs in Berlin einsetzte, kam es »zu einem leidenschaftlichen Auftritt in Potsdam. Der König verbannte seine Ehefrau, und sie reiste, erneut schwanger, im Juni 1792 ab ins preußische Neuchâtel in der

Schweiz. Und zwar »für immer«, wie es hieß. Im Januar gebar sie dort eine Tochter, Julie, die per Kabinettsordre als königlicher »Seitenspross« getauft wurde. »Gott bewahre mir vor der Närrin«, schrieb der König seufzend an Wilhelmine, »ich hoffe doch nicht, dass ich sie jemals wieder werde nehmen müssen.«

Doch auch die Dönhoff zeigte Willensstärke. Um den König wiederzugewinnen, setzte sie alles auf eine Karte. Heimlich kehrte sie im November 1793 nach Preußen zurück, um dem staunenden Gemahl in der Orangerie des Marmorpalais eine theaterreife Szene zu liefern. Wilhelmine erfuhr davon, wie gewohnt, durch ein lückenloses Protokoll des Königs: »... wir haben großen Alarm gehabt; ich sitze ruhig im neuen Orange-Saal und spiele meine Quartete, Rikchen und die Berensprung [Gouvernante] sitzen beim runden Tisch und stricken, mit einmal geht die Tür auf und kömmt die Gräfin D. wie eine Furie herein gestürmt, fällt auf die Knie, und spricht lauter ungewaschenes Zeug, die Solmsen [Kinderfrau] folgte ihr und trug die kleine Tochter. Ich sprang gleich von meinem Stuhl, riss das dolle Mensch auf und zog sie aus dem Saal ... da sprachen wir miteinander und blieb es dabei, dass wir geschiedene Leute blieben; dann ging sie ... die kleine Tochter, die charmant ist, hat sie mir gelassen.« Das war der letzte Auftritt der Gräfin Dönhoff, ihre Kinder blieben am Hofe. mit einer Pension von 8000 Talern wurde sie nach Angermünde abgeschoben, wo sie 1838 starb. Ihre Kinder blieben am Hofe. Wie nicht anders zu erwarten, nahm sich Wilhelmine Encke ihrer an. So erzog sie neben dem Sohn der Ingenheim zeitweilig auch die Kinder dieser Konkurrentin.

Wilhelmine aber besaß Größe auch in der Niederlage. In ihrer Verteidigungsschrift erteilte sie ihrer letzten großen Rivalin, die wie sie zu klug war, um nur eine Mätresse zu sein, die schönste Würdigung: »Sie war nicht meine Freundin und hat mir davon einen sehr empfindlichen Beweis gegeben; aber ich bin ihr das Zeugnis schuldig, dass sie den Geist einer Britin oder Römerin besitzt.«

Als man bei Hofe noch immer von dem denkwürdigen Spektakel im Orangesaal sprach, hatte Friedrich Wilhelm schon längst eine andere auserwählt. Er »äugelte« wieder, doch nun außerhalb der Damenwelt des Berliner Hofes.

1792/93 kommandierte er von Frankfurt aus die preußischen Truppen am Rhein. Hier durfte er als Feldherr einige Meriten sammeln, indem er persönlich den Angriff auf die nahe gelegenen französischen Stellungen bei Hochheim leitete. Frankfurt lag dem preußischen König als ihrem Retter vor französischer Besatzung zu Füßen; auch Goethes Mutter Aja war des Lobes voll. In der Reichsstadt lernte er die neunzehnjährige Sophie von Bethmann-Metzler kennen, und schon nahm ihn eine neue Leidenschaft gefangen.

Spontan hatte er sich in die Bankierstochter auf einem Ball verliebt, den seine beiden Söhne im Thurn- und Taxischen Palais gaben, vier Tage, bevor auch Wilhelmine mit den Kindern in Frankfurt eintraf. Sie hatte soeben ihren vierzigsten Geburtstag gefeiert und kam also gerade zurecht, um das königliche Liebeswerben mitzuerleben.

Ihr Freund bot alles auf, die junge Patrizierin zu gewinnen. Zahlreiche Geschenke, große und kleine, trafen im Bethmannschen Hause ein, mal eine Ananas aus den Potsdamer Treibhäusern, mal ein Pferd. Doch die Auserwählte, höflich zwar und sehr geschmeichelt, zeigte sich spröde. Gewissenhaft hielt er Wilhelmine, auch nach deren Rückkehr nach Berlin, über den Fortgang der Ereignisse auf dem Laufenden. Obwohl »sie so viel Gleiches mit Ihnen hat«, entwickelten sich die Dinge auch weiterhin nicht wie gewünscht. In strömendem Regen wartete der preußische König vor dem Gartenhäuschen der Angebeteten auf ein Zeichen, antichambrierte bei den geneigten Eltern, beschäftigte zeitweise sogar einen Postillon d'Amour, der ihm von jedem Schritt Sophies berichtete.

Ein verzweiflungsvoll Liebender.

Im August 1793 bot Friedrich Wilhelm der Frankfurterin die Ehe zur linken Hand an, sogar die Scheidung von der Königin soll er erwogen haben. Aber Sophie Bethmann lehnte ab. Am 29. Dezember 1795, knapp drei Jahre nach der ersten Begegnung, schrieb er den endgültigen Abschiedsbrief, ein Jahr später wurde Sophie von Bethmann-Metzler die Gattin des britischen Gesandten bei der Stadt Frankfurt, Joachim von Schwartzkopf.

Wie Wilhelmine sich zu ihres Freundes letzter großer Leidenschaft stellte, zeigt ein Brief, den sie nach ihrer Rückkehr aus

Frankfurt geschrieben hat: »...nun ein Wort zu Ihrer Liebe. Sie sind eben wie die alten Helden vor einigen tausend Jahren, welche einst so gut wussten den Krieg und die Liebe zu vereinigen, und da ich überzeugt bin, dass Sie es nie werden wie Antonius machen, so mögen Sie nur auch Ihr Herz einer sanfteren Leidenschaft, als der Krieg ist, überlassen; besonders da ich überzeugt bin, dass es, solange als andere Pflichten Ihnen am Herzen liegen, niemals zum Schaden sein wird ... Ich habe die M[amsell] B[ethmann] niemals sehr schön gefunden, aber sehr viel Charakter in ihren Zügen, schöne Haare und Augen und gut gewachsen, auch soll es ihr nicht an Talenten fehlen. Bei meinem Aufenthalte in Frankfurt sagten mir viele glaubwürdige Leute, dass Sie ihr gar nicht missfielen ... aber es war nicht meines Amtes, es Ihnen zu sagen ... und dann möchte ich ... dass, wenn es nicht anders sein kann, als dass Sie wieder ein Metgen lieben, so wäre es mir lieb, dass ich nicht wieder in dem traurigen und kränkenden Fall wäre, Ihnen nicht zu sehen oder doch nur mit Verdruss. Eine Musikustochter und eine Kaufmannstochter ist eben kein Unterschied, welche die große Gräfin [Dönhoff] mir so gut wusste in Anschlag zu bringen, bloß um mich unglücklich zu machen.«

Wie so oft schickte sich Wilhelmine ins offenbar Unvermeidliche, bis sie im Juli 1794 endlich lesen durfte: »S[ophie] hat einen verschrobenen Charakter, der nicht ganz schlecht, aber nicht die Fähigkeiten hat, einen abgelebten Mann als ich bin glücklich zu machen; dürfte ich Mine [das Wäschermädchen] haben, und ließ Ihnen der liebe Gott kurz vor mir sterben, wenn das so zusammenginge, dann fehlte nichts an meinem häuslichen Glück.«

Mit der sechzehnjährigen Mine Horster, die von 1792 an in seinem Haushalt angestellt war, kam es allerdings nie zur Erfüllung seiner Wünsche, denn die Einwilligung, die Friedrich Wilhelm dazu vom »alten Freund«, einem von Wilhelmines Hilfsgeistern, erbat, blieb dauerhaft aus.

Ohne vorab vollzogene Absolution seiner künftigen Sünden mochte der Liebhaber nicht handeln. Wilhelmine ließ sich nicht erweichen, trotz all seiner fortgesetzten Überredungskunst, bis er 1795 die verordnete Enthaltsamkeit in neuem Licht sieht: »[dies]

Leben, was ich jetzt wie Sie wissen über drei Jahre führe, war die größte Aufopferung, so ich für mir kenne; höre ich damit auf, so ist es mir, als wenn ich gar nichts mehr für Gott täte.« Ein Jahr später steht er schließlich über den Dingen: »Bei Mine war bloß die Figur mir gefällig, darum habe mir wohl gehütet, ernst mit ihr zu machen … wäre eine ganz stierische Verbindung geworden ... Gottlob, dass es so gut abgegangen.«

Dies Resümee erreicht Wilhelmine in Italien, wo sie schon ein paar Monate zuvor brieflich über eine neue Aufwallung unterrichtet wurde. Sophie Schulzki sollte des Königs letzte erotische Beziehung werden. Auch da zögerte Wilhelmine mit ihrer Erlaubnis monatelang: »Diese Lebensart ist sehr peinigend, doch werde nie klagen; machen Sie doch, dass es nur nicht noch Jahr und Tag dauert… Glauben Sie, ich quäle mir sehr ... das Mädchen ist so gut und hübsch.«

Mit Wilhelmines Einverständnis bezieht Sophie Schulzki schließlich zeitweise bis zum Tod des Königs ein Häuschen im Neuen Garten.

Ist Wilhelmine Encke deswegen eine Kupplerin? So jedenfalls tönte es im Chor aus den Winkeln des Berliner Schlosses, aus den Wirtshäusern der Spandauer Vorstadt. Und so musste sie es später in einer Flut von Schmähschriften immer wieder lesen. Sie wurde beschuldigt, die Liebschaften des Königs, wenn nicht mitangestiftet, so doch im Hintergrund dirigiert zu haben, um unliebsame Konkurrenz auszuschalten und auch dadurch ihre Stellung zu festigen. »Nun wurde sie die Kupplerin des Königs, und unterrichtete die Schlachtopfer seiner Wollust, wie sie mit dem König sich zu benehmen hätten.« Der Kriegsrat Friedrich von Cölln, Verfasser dieses Pamphlets aus dem Jahre 1806, das sich in seinen »Vertrauten Briefen über die inneren Verhältnisse am Preußischen Hofe seit dem Tode Friedrichs II.« findet, schrieb diese Zeilen offenbar aus niederen Motiven.

Hatte er doch einst um die Hand der Gräfin Lichtenau angehalten, lange nach dem Tod des Königs – und eine Abfuhr bekommen. Als eine Art »Haremsvorsteherin« habe sie gewirkt. Angeblich um seine Glieder zu wärmen, habe sie die feurige Tänzerin dem König

verordnet, ein Gebrauch, für welchen man schon im Alten Testament mit David und der Abisag ein frivoles Beispiel hatte.
Dabei darf man sich das Zusammenleben mit der Schulzki nicht als Bacchanal vorstellen, denn Friedrich Wilhelm II. war zu dieser Zeit schon todkrank. Es ging alles recht bürgerlich zu. Am 2. Oktober 1796 berichtet der König an die Gräfin Lichtenau: »Lesen ist mein einziger Trost, besonders abends. S.[ophie] hat ... nicht immer gute Manieren. Sie weiß es aber nicht besser.« Da befindet sich Wilhelmine längst im Zustand größter Sorge um das gesundheitliche Befinden ihres Freundes.

Wilhelmine Encke begrenzte die Zahl der sexuellen Verhältnisse Friedrich Wilhelms während seiner Regierungszeit – »so weit sich meine Wissenschaft erstreckt« – auf die Damen Voss (Ingenheim), Dönhoff und Schulzki. Ihre Wissenschaft erstreckte sich vermutlich sehr weit. Keine Rede von der Baranius, die angeblich als letzte Mätresse des Königs eine wildbewegte Rolle spielte. Sie war vielmehr die Geliebte des Ritz, betrieb übelste Nachrede gegen die Gräfin Lichtenau und heiratete 1798 den ehemaligen Geheimkämmerer. Das sagenumwobene Sexualleben des preußischen Königs aber vollzog sich im Wesentlichen in den Köpfen seiner Zeitgenossen. Neid trieb die Phantasie zu Höchstleistungen an. Man verstieg sich zu wüsten Bildern, der König »habe die größte Ähnlichkeit mit einem asiatischen Fürsten [gehabt], der sich in das Innere seines Serails zurückgezogen hat und mit seinen Sklaven und Sklavinnen lebt«, schrieb Oberst Christian von Massenbach 1795 in einem Fragment seines Tagebuchs. Dabei verfügte der Militär über ein unbestechliches Urteilsvermögen, als er über die Kampagne nach Frankreich berichtete. Seine Aufzeichnungen über den Krieg 1792–1797 inspirierten Goethe, als er seine eigenen Erinnerungen an die Kanonade von Valmy auffrischen wollte, zu seinem denkwürdigen Satz: »Von hier und heute geht eine neue Epoche der Weltgeschichte aus, und ihr könnt sagen ›Ihr seid dabeigewesen‹.« In seiner Würdigung des königlichen Privatlebens aber sitzt auch der geschätzte Chronist den wüsten Gerüchten bei Hofe auf: »Die Ringmauer, welche jetzt um ... um den Neuen Garten gezogen wird ... erinnert an die Mauern eines Serails; kein fremdes Auge sollte sehen, was in dem Bezirke vorgeht.« Dabei, und das hätte der spätere Kleist-Freund durchaus wissen können, hatte hier ein neue Epoche begonnen, man pflegte ganz schlicht den Rückzug ins Private.

Indessen macht Wilhelmine Encke sich auf, die Welt in Erstaunen zur versetzen. Denn auch in Preußen blüht ein weiblicher Schönheitssinn.

Kapitel 15

Die Kunst und der gute Geschmack

Das Prunkstück der Sammlung, so bestimmte sie es, thront auf dem Kaminsims im Herzen des neuen Schlosses, dort wo Friedrich Wilhelm am liebsten musizierte, im Konzertsaal. In Augenhöhe und höchst anspielungsreich fliegt ein Pegasus auf dem Bett einer wolligen Wolke mit soviel Schwung aus dem Deckelknauf, als ginge es geradewegs hinauf in den Olymp, während auf der Vorderseite ein lorbeerbekränzter Apoll das berühmteste Saiteninstrument des Alten Griechenlands spielt, die Kithara. Auch Josiah Wedgwood selbst, der Produzent dieses Stücks, scheint mit seiner Leistung zufrieden gewesen zu sein. Er nannte diese Vase »die schönste und vollkommenste, die ich je gemacht habe«. Schadow steuerte zu dem Raum die Reliefs bei, auf denen Götter und Dämonen tanzen, Langhans entwarf das Deckengemälde. Äneas, der Gründer Roms, lagert am Tiber, als läge sein Ufer direkt vor der Tür, inmitten der Wasserarme der Havellandschaft. Der streitbare und gottesfürchtige Ahnherr nimmt damit die zentrale Position am Heiligen See ein. Wie ein luftiges Schiff liegt der Saal, der sich über die gesamte Gebäudebreite erstreckt, über dem See, »und gewährte so«, an Plinius' berühmte Beschreibung seiner ins Wasser gebauten Sommervilla erinnernd, »von den Seiten und von vorne gleichsam einen Ausblick auf drei Meere.« Als sollten sich die Wasserflächen noch einmal spiegeln, wurden die Saalwände mit lichtblauem Stuckmarmor und weißen Pilastern als Schaumkronen geschmückt. Hier ließen sich Feste feiern, hier ließ sich musizieren; Beethoven spielte in diesem Saal 1796 vor Friedrich Wilhelm II. aus seinen Werken, um ihm sodann zwei Stücke zu widmen, die Sonaten für Cello und Klavier F-Dur op. 5, Nr. 1 und 2.

Aus den hohen Fenstern sah man gen Osten in die aufgehende Sonne, zur Linken eine wilde Insel in der Ferne, das gegenüberliegende Ufer des Heiligen Sees mit seinen Windmühlen, den sanften

Hügelketten dahinter, die Stadtsilhouette mit ihren Kirchtürmen zur Rechten und eine im See versinkende Tempelruine, die Schlossküche. Und man ahnte mehr als dass man es sah: zwischen den Bäumen versteckt das kleine Ritz'sche Anwesen, den Garten mit dem schmalen Haus, in dem sich Wilhelmine als ein junges Mädchen einst über Bücher beugte, die von Äneas erzählten, von geflügelten Pferden und einem Land jenseits der Alpen, einem gelobten Land.

Friedrich Wilhelm II. hatte 1787 das Schloss, das man später Marmorpalais nannte, von Carl von Gontard als freistehende Villa direkt ans Wasser bauen lassen. Den Auftrag zur Dekoration der Innenräume aber erhielt der Baumeister 1790 nicht. Der König hat dafür seine Vertraute auserwählt, er gab Wilhelmine freie Hand bei der Gestaltung; zur Seite stand ihr Carl Gotthard Langhans, der neben dem Brandenburger Tor das Belvedere in Charlottenburg gebaut hat. Später würden die Orangerie und die Gotische Bibliothek im Neuen Garten folgen sowie das Potsdamer und das Berliner Schauspielhaus. Mit ihm übernahm ein Künstler die Federführung, der den Umgang mit dem klassizistischen Formengut ganz anders beherrschte als Gontard. 1779 schon hat Langhans für den Kriegsrat Gravius einen Festsaal entworfen, der als einer der schönsten Innenräume des Frühklassizismus galt, in eben dem Palais, das später Wilhelmines Sohn Alexander gehörte und nach dessen Tod in ihren Besitz überging.

Auf der Suche nach Anregungen blätterte sich Wilhelmine durch die Bibliothek ihres Freundes; die Bücher ließ er ihr aus dem Berliner Schloss zur Ansicht zukommen. So war sie auf den Katalog der Sammlung griechischer und römischer Vasen aus dem Jahr 1766 von Sir William Hamilton gestoßen. Der englische Gesandte in Neapel und leidenschaftliche Kunstsammler ließ alle seit den sechziger Jahren verfügbaren Keramiken zeichnen, die man in Herkulaneum ausgegraben hatte. Faune, Satyrn, Götter der Poesie und des Saitenspiels, Herkules, Diana und weitere Bewohner des Olymps sprangen, tanzten oder schritten dort über das Rund der Vasen. Und so wie sich Wilhelmine in Berlin an den kolorierten Kupferstichen erfreute, war es auch Josiah Wedgwood ergangen. Ihm hatten

Das Marmorpalais am Heiligen See, Friedrich Wilhelms bevorzugter Aufenthaltsort. Ansicht um 1793

sie als Vorlage für seine erlesensten Gefäße in Schwarz und Blau gedient. Der angesehene Steinguthersteller aus England imitierte die antiken Vasen so perfekt, dass sie zu einem begehrten Importartikel für Europas Höfe wurden.

Als Wilhelmine während ihrer Verbannung in Dessau ihren Patenonkel Fürst Franz im nahegelegenen Wörlitz besuchte, hatte sie schon Stücke aus dieser neuartigen, hochmodernen Produktion bewundern können. Auch die Dekorationen des Schlosses, darunter die im Speisesaal von Erdmannsdorff gestaltete Schauwand für Wedgwood-Keramik sowie die römischen Kamine waren ihr bestens bekannt. Solch erlesenen Zimmerschmuck wünschte sie sich für Potsdam. Wie sie schätzte auch Friedrich Wilhelm das Wörlitzer Reich, mehrfach hatte er Fürst Franz in den achtziger Jahren besucht und durch den Architekten des Schlosses, Friedrich Wilhelm von Erdmannsdorff, eine ganz andere künstlerische Auffassung kennen gelernt. Als der preußische König seine erste architektonische Tat plante, holte er keinen anderen als ihn nach Sanssouci, um das Schlaf- und Arbeitszimmer seines Vorgängers umzugestalten.

Man orderte also über den Italienreisenden Erdmannsdorff neben antiken Skulpturen neun Kamine in Rom bei derselben Adresse, woher auch der Dessauer Fürst seine Ware bezogen hatte. Kaum waren sie eingetroffen, ließ Wilhelmine bei Wedgwood ein Sortiment von mehr als fünfzig Vasen mit Motiven aus der antiken Mythologie bestellen. Griechische Helden in erdigen Farben auf schwarzem Grund, strahlend weiße Götter auf Himmelblau. Später würde sich herausstellen, dass ihre Erwerbung auf dem gesamten Festland beinahe einmalig war. Nur in England selbst gab es Sammlungen dieser Qualität und beim Fürsten Leopold Friedrich Franz in Wörlitz.

Auch Langhans kannte Wörlitz aus eigenem Erleben, er hatte es schon 1775 besucht. In dieser schönen Wahlverwandtschaft zwischen Wilhelmine und dem Architekten war es wohl nicht schwer, Entscheidungen auch einvernehmlich zu treffen. Das Wörlitzer Vorbild ist allenthalben spürbar, zum Beispiel in den mit Rosshaar bezogenen Stühlen oder den einfachen zylinderförmigen und den Alabastervasen-Lampen.

Als das Marmorpalais bald zu klein wurde, plante man Flügelbauten auf beiden Seiten, die einen mit Säulengängen umfassten Hof bildeten. Die Vorlage stammte indirekt von einem Verehrer Wilhelmines, Lord Bristol, der eine ähnliche Erweiterung für seinen Landsitz Ickworth in Suffolk vorsah. Auf den Dächern über den Säulengängen war – eine Lieblingsidee Wilhelmines, seit sie sich auf ihrem Gotischen Haus in Charlottenburg eine Terrasse eingerichtet hatte – eine Promenade vorgesehen, die man von den Zimmern im oberen Stock erreichte. Auch eine Villa in Pompeji, von der sie Stiche besaß, lieferte Anregungen. Michael Philipp Daniel Boumann, der den Bau leitete, borgte sich diese und Stichwerke Piranesis von ihr und schaffte sich auf ihre Empfehlung hin selbst eine Winckelmann-Ausgabe an, um nicht immer auf die ihrige zurückgreifen zu müssen. Seine Entwürfe legte er ihr regelmäßig zur Begutachtung vor. Als Friedrich Wilhelm II. starb, stand erst der Rohbau. Danach waren die Pläne der Gräfin Lichtenau für die Gestaltung des Inneren mit einem Schlag nichts mehr wert.

Noch aber baute der König. Neben dem Marmorpalais galt seine große Vorliebe dem Charlottenburger Schloss. Gewiss war auch die Nähe zur Freundin Anlass, sich 1788 dort im Erdgeschoss des Neuen

Josiah Wedgwoods Vasen, Prunkstücke im Marmorpalais
Etruria-Vase, um 178, Pegasus-Vase, um 1785

Flügels eine Sommerwohnung einzurichten. Das besorgte Wilhelmine ebenso wie den Umbau der Winterwohnung. Dafür erhielt sie einen offiziellen Auftrag.

Mittlerweile war es ganz selbstverständlich, dass sie bei allen Bauvorhaben in privatem Rahmen die Fäden in der Hand hielt. Der König war des Lobes voll über ihre Tatkraft. Im Juni 1797, bevor sie gemeinsam zur Kur nach Bad Pyrmont aufbrachen, schrieb er: »Wie sehr muss ich Ihnen schon wieder danken für Ihre Güte, sich meiner Wohnung so anzunehmen in das gute Charlottenburg. Ich erinnere mir sehr gut, dass da oben im neuen Flügel recht hübsche Zimmer sind, die man sehr gut und commode arrangiren könnte; und ich bin gewiss überzeugt, dass es sehr gut reussieren wird, wenn Leute von so vielen Kenntnissen und Geschmack wie Sie und Ihre Gesellschaft es sind, sich der Sachen annehmen. Lassen Sie also in Gottes Namen die Arbeit je eher je lieber anfangen, ich gebe mit tausend Freuden meine Einwilligung dazu.« Nach der Rückkehr aus Pyrmont begann man zu planen, ein erster Ortstermin fand am 28. Oktober um 11 Uhr statt. Wilhelmine, die inzwischen Gräfin Lichtenau hieß, traf sich mit Philipp Boumann in der ersten Wohnung Friedrichs des Großen, um sie nun für Friedrich Wilhelm umzugestalten. Elegant aber behaglich sollte sie werden.

Sie entschied sich durchweg für unbekannte Handwerker, die zwar ihr Metier beherrschten, aber kaum in der Lage waren, eigene Entwürfe abzuliefern. Also hatte sie das Sagen. Entstanden sind Glanzpunkte des Handwerks, etwa der Ofentöpferei: große Kachelöfen, vornehm aber schlicht, streng proportioniert, in zarten Gelb- und Grautönen, beeinflusst von der zeitgenössischen Berliner Architektur, von den Gebäuden eines David Gilly und Heinrich Gentz. Als »Innenarchitektin« ist Wilhelmine, wie auch sonst, keine Bilderstürmerin: Sie verändert, mit Entschlossenheit, sie erhält, niemals nur aus Sparsamkeit, und sie ergänzt, immer mit Witz. Pariser Gobelins, die in kleinen Bildfeldern die Geschichte des Don Quichotte erzählen, vervollständigt sie durch eine Szene, die auf den Teppichen als Motiv fehlt. Der Maler Johann Christoph Kimpfel fertigte sie daneben als Fresco an: Don Quichotte im Kampf gegen die Windmühlen. Auf den ovalen Rahmen ließ sie, die Inschrift setzen: »Vom Wahn getrieben und ... umarmt durch die ›extravaguand amour‹ der Dulcinea.« Im Schlafzimmer treten selbst Allegorien wie die Poesie und die Musik in Wandmalereien als Damen der besseren Gesellschaft auf, sie tragen die Mode der Zeit, die gerade aus England herübergekommen ist: hochgeschürzt, die kurze Taille. Auf dem Ofen davor thront ein bronzener Philosoph mit aufgeschlagenem Buch.

Wilhelmine Encke beherrschte beides: das Einfache und das Kostbare. So schuf sie Interieurs, schlicht und elegant für ein privates Leben, aber auch von nobler Repräsentanz. So wie Friedrich Wilhelm II. mit glücklicher Hand vorzügliche Architekten und Künstler in die Residenzen holte – Friedrich Wilhelm von Erdmannsdorff und Johann August Eyserbeck, Carl Gotthard Langhans und David Gilly –, so richtete sie ihr Augenmerk auf die ganz jungen Talente. Schadow war vierundzwanzig, als sie ihn mit dem Auftrag für das Grabmal betraute. Friedrich Gilly war fünfundzwanzig, gerade aus Paris zurückgekehrt, als er für sie 1797 im Palais Unter den Linden Möbel nach dem allerneuesten Stil entwarf. In keinem großen Salon der Stadt gab es so etwas bislang zu sehen.

Der Hof, der immer noch den Ton angab, wandte sich dieser Mode erst ab 1802 zu.

Die Sicherheit, mit der sie ihre Entscheidungen traf, ist verblüffend, ebenso die Sicherheit ihres Kunstgeschmacks. Das Neue war für sie das Natürliche, so wie damals, als sie sich unterweisen ließ von ihrem großen Freund.

Das Fundament ihres Wissens stammte aus seinem Unterricht und der gemeinsamen Lektüre. Doch ihr Geschmack hat sich später herausgebildet. Darin brachte sie es zu Selbständigkeit und Meisterschaft. Sie sagte über sich selber: »Es ist wahr, dass ich einen so ziemlich richtigen Geschmack für verfeinerte Sitten, eine Fertigkeit in den nötigen Sprachen und endlich einige Kenntnisse der Malerei, Dichtkunst und Musik habe, aber es ist alles nur Routine. Die vielen Gelegenheiten, die ich hierzu teils durch die Bekanntschaft der vorzüglichen Männer Deutschlands in diesen Fächern, teils auch durch meine Reisen nach Frankreich, der Schweiz und Italien hatte, führte mich dazu, ohne jemals das Ästhetische [Theoretische] davon studiert zu haben.«

Ein gewisser Stolz ist unverkennbar in dieser Selbstbeschreibung einer Frau, die über eine Allgemeinbildung verfügte, die auch die in den höheren Ständen übliche weit hinter sich ließ. Gewiss, ein reguläres Studium wie die »vorzüglichen Männer« hat sie nicht absolviert, aber mit der ihr eigenen Neugier, der Lebenslust und einer ausgeprägten Aufnahmefähigkeit hat sie ein Leben lang immer dazugelernt. Sie nahm, was sie brauchen konnte. Ihre Begabung lag auch in dem Vermögen zwischen dem zu unterscheiden, was sie behinderte und dem, was sie voranbrachte. Gewandt holte sie sich Bildungsgut von überall her, verstand es zu verarbeiten und sich anzugleichen. Der Umgang, den sie mit Männern der Kunst und der Wissenschaft pflegte, beschränkte sich nicht auf muntere Plaudereien bei Abendgesellschaften; es war ein geistig-angeregter und stets auf praktische Anwendung hin orientiert. Wilhelmine bildete sich selbst zur genialen Dilettantin aus. Ihr künstlerischer Sachverstand war enorm, ihr Einfallsreichtum, der Sinn für Formen, Farben und, als hätte sie dreidimensional gedacht, wohl auch ihr Vorstellungsvermögen.

Der König verließ sich auf ihr Urteil, und schließlich übertrug er ihr die Bauaufsicht über die Schlösser und Gärten. Als er in den Jahren 1793 und 1794 häufig abwesend war, auf dem französischen und polnischen Feldzug oder in seinem Frankfurter Hauptquartier, traf sie die künstlerischen Entscheidungen. Sie hatte ein eigenes Baubüro mit dem Hofbaurat Krüger, dem Bauinspektor Glasewald und dem Zimmermeister Brendel unter sich. Man umging einfach die oberste Baubehörde und nahm, wenn er zugegen war, den direkten Weg zum König. Andernfalls wurden alle Arbeiten kraft königlichen Auftrags von ihr genehmigt.

Ihr Meisterwerk begann sie in jener einsamen Wildnis, die einstmals, vor einem halben Menschenleben, Wilhelmines und des Kronprinzen Arkadien war, jene kleine Insel inmitten der Havel, auf der sie einen Sommer lang heimliche Liebesstunden erlebt hatten. Ein märkisches Kythera. Als der König im Herbst 1793 aus dem Krieg heimkehrte, kaufte er Kaninchenwerder vom Militärwaisenhaus in Potsdam, dem der Soldatenkönig diese Insel einst geschenkt hatte. Ein Schloss sollte hier hinter dem Schilfgürtel emporwachsen, so einzigartig, wie es Preußen noch nicht gesehen hat, verspielt und theatralisch zugleich, einer romantischen Seele gemäß. Wie das Echo des fernen königlichen Wohnsitzes würde es sich vor der Wasserfläche des Jungfernsees erheben, vom Marmorpalais aus sich als ein entrücktes, strahlendes Kleinod zeigen. Inspiriert von Stichen englischer Landschaftsgärten mit ihren dekorativen Ruinen und von Ansichten der Insel Capri, die Wilhelmine zur Vorbereitung ihrer baldigen Italienreise studierte, sollte es äußerlich einem römischen Landhaus ähneln, im Innern gediegenste zeitgenössische Wohnkunst entfalten.

Bei den Bauten wurde recht ungewohnt verfahren. Weder das Potsdamer Hofbauamt noch das Berliner Oberhofbauamt waren beteiligt. Die Verantwortung trug allein der Potsdamer Zimmermeister Johann Gottlieb Brendel, der als Architekt, Bauleiter und Unternehmer fungierte. Die oberste Leitung lag formal in den Händen des Geheimkämmerers Johann Ritz. Auch der König selbst traf gelegentlich an Ort und Stelle Anordnungen. Aber sämtliche Pläne wurden durch Ritz und Brendel zuerst Wilhelmine vorgelegt und

Das Pfaueninselschlösschen, nach Wilhelmines Plänen erbaut und eingerichtet. Ein Bild von Wilhelm Barth, Anfang 19. Jahrhundert

häufig von ihr geändert, über manches, wie das Mobiliar entschied sie ganz allein.

Im März 1794 wurde mit dem Bau begonnen, schon im September wurden die Fenster eingesetzt, mit Ausnahme der Türme war das Schlösschen einschließlich der Deckenmalereien fertig. Mit der ihr eigenen Energie gelang es Wilhelmine, die Arbeiten so voranzutreiben, dass der König, aus dem polnischen Feldzug im Frühjahr 1795 zurückgekehrt, alles beinahe vollendet fand.

Wie schon auf ihrem Charlottenburger Anwesen erschien Wilhelmine regelmäßig auf der Baustelle und ließ sich über den Fortgang der Arbeiten berichten. Offenbar genoss sie großen Respekt bei den Bauleuten. Brendel setzte den Tresorier Ritz am 8. September 1794 darüber folgendermaßen in Kenntnis: »Die Plafondmalerei in Vestibül und Saal nach Guido Reni ... sind von Frau Gemahlin bestimmt worden. Ferner haben Frau Gemahlin Wohlgeboren am 3. September durch den Königlichen Büchsenspanner, Herrn Kienast, gnädigst befehlen lassen, dass das Haus nicht mit Borke bekleidet, sondern gerohrt und geputzt werden solle.« Da Brendel sich nicht im Klaren war, ob der Anstrich al fresco oder in Ölfarbe erfolgen dürfe, so fuhr er mit Kienast nach Charlottenburg, um den »Verhaltungsbefehl« einzuholen. Darauf habe sie gütigst rustike Manier und al fresco-Anstrich verfügt sowie die Zeichnungen zu den Spiegelrahmen genehmigt. Aber »die Tapeten, die Basreliefs und die Möbelarbeit haben Frau Gemahlin sich vorbehalten selbst zu bestellen.« Neun Räume im Innern waren zu gestalten: Salon, Kaminzimmer, Konzertsaal, Schlaf- und Ankleidezimmer. Es wurde ausschließlich »vaterländisches« Material verwendet: schlesischer Marmor, einheimisches Holz. Zeitweilig arbeiteten siebzehn Tischler mit verschiedenen Aufträgen im Schloss. In allen Zimmern gab es Wand- und Deckenmalereien, farbenfrohe Papiertapeten, Pfingstrosen zu Sträußen gebunden, die blauen Bänder flattern fröhlich zwischen Schmetterlingen, ein Erntedankfest auf der Wand, hier feiert man das Landleben mit den Früchten der Mark, Birnen, Äpfel, Pflaumen, Trauben. Die Möbel sind mit schwarzem Rosshaar überzogen, das auch zweihundert Jahre später glänzen wird, schöner als Salomonis Seide. Davon ist kein Fetzchen verarbeitet, alles gediegenes preußisches Handwerk, die Tapeten aus Papier kommen aus einer Berliner Manufaktur, haltbar für die Zukunft. Darüber griechisch-römische Reliefs, ein Tisch mit Löwentatzen als Füßen, den Ausgrabungen von Herkulaneum und Pompeji nachempfunden.

Das Schönste: ein kreisrunder Raum, mit Leinwand ausgeschlagen, täuschend echt als Bambushütte bemalt: das Otaheitische Kabinett. Die Entdeckung der Südseeinseln und die dort vorgefundenen paradiesischen Verhältnisse – Louis Antoine de Bougainville hatte 1771 und Georg Forster als Begleiter der Cook`schen Weltumsegelung 1777 begeistert davon berichtet – lösten auch in den Salons Preußens eine regelrechte Inselbegeisterung aus, der durch Jean-Jacques Rousseaus »Zurück zur Natur« der Boden bereitet war. Wilhelmine hatte alles gelesen, ebenso die traurigschöne Geschichte von »Paul und Virginie«, den 1788 in Paris erschienenen Roman von Bernardin de St. Pierre um Romeo und Julia im Indischen Ozean. Auch diese Geschichte spielt auf einer Insel, im tropisch-üppigen Garten der Natur. Genau solche Sehnsüchte werden

Otaheitisches Kabinett im Pfaueninselschlösschen: Tahiti in der Mark – ein Kabinett literarischer Träume

auf ihrer Insel Ereignis. Zwischen die Fenster mit den wirklichen Ausblicken lässt sie, ein grandioser Einfall, vier erfundene tropische Aussichten malen, und zwar in den Neuen Garten und auf die Insel selbst. Schloss, Kastellanhaus und das ferne Marmorpalais stehen unter dem Himmel der Südsee, unter Palmen, umgeben von Ananas und Papageien. So liegt beides vor der Tür: Tahiti und das heimische Preußen. Es ist ein märkisches Paradies, in das man sich inmitten des Schlosses träumt. In die Kuppel der »Bambushütte« hängt Wilhelmine nicht etwa, topographisch zutreffend, einen Stern als Beleuchtungskörper oder eine Spirituslampe. Es ist eine milchweiße Glaslampe in Bronze nach griechischer Manier – das Goldene Zeitalter der Antike paart sich mit der Glückseligkeit tropischer Inselwelten. Warum nicht. Fern war beides.

Im Turm des Obergeschosses schließlich richtet sie neben dem Konzertsaal das Arbeitszimmer Friedrich Wilhelms ein, alle Fenster, alle Möbel sind gerundet, auch die vierzehn Aquarelle mit Ansichten aus den vatikanischen Museen; wie ein Versprechen täuscht die perspektivische Kassettenmalerei in der Decke eine hohe Kuppel vor, das Italien der Renaissance über dem Haupt. Auf den Schreibtisch, mit Blick gen Westen, Richtung Marmorpalais, stellt sie nebeneinander zwei gerahmte Bildnisse: das eine zeigt den Hausherrn, das andere Wilhelmine mit Klein-Alexander auf dem Arm.

Um das Schloss herum bewahrte man zunächst alles in seinem Urzustand. Der Wildnis auf der Insel maß der König großen Wert bei, schon einen Tag, nachdem er sie erworben hatte, erließ er den Befehl, dass »auf dem Caninchen Werder nicht das geringste an Holtz- und Buschwerk weiter gefället werde.« So blieben die über 400 mehrhundertjährigen Eichen unberührt. Nur die dem Neuen Garten zugewandte Seite und das sumpfig-flache Nordostende der Insel wurden für die Bebauung gerodet. Behutsam nur ließ er Hand an die Gestaltung der Landschaft legen. Es war wieder Eyserbeck aus Dessau, dem diese Aufgabe anvertraut wurde, und es war so, als hielte damit mehr als nur ein Gartenstil in Brandenburg Einzug. Es war die liberale Lebensweise, die den Thronfolger in Wörlitz beeindruckt hatte, der freiere Umgang der Menschen miteinander, der die Standesgrenzen durchlässiger machte. In Wörlitz hatte er das gefunden, wonach er sich in der Strenge Preußens vergebens sehnte: Lebenslust. Der Dessauer Fürst war ein Freund der Musen und der Frauen, er durfte sich die Gärtnerstochter Luise Schoch zur Linken antrauen lassen und blieb dabei doch geachtet. Friedrich Wilhelm mag sich dadurch bestärkt gefühlt haben, in seinen Beziehungen zu den beiden Gräfinnen, aber natürlich ganz besonders zu Wilhelmine.

Jenseits des wilden Eichenwalds entstand zugleich mit dem Schloss am östlichen Ufer auf feuchtem Wiesenland die Meierei. Sie sollte »ein eingefallenes gothisches Gebäude« vorstellen. Dem König galt dieser Baustil als Erinnerung an den Tempelherrenorden, mit dessen Geschichte er sich aus seiner Zeit als Rosenkreuzer verbunden wusste, denn mit seiner Entfernung vom Orden war nicht zugleich die Anhänglichkeit an den einstigen Glauben verschwunden.

Nun ging es nur noch um den Namen, den das schöne Eiland tragen sollte. Kaninchenwerder klang doch zu prosaisch. Also holte man Getier herbei, das durch die Bibel schon nobilitiert war, durch König Salomon und seine Herrlichkeit, durch die Römer, bei denen es den Wagen der göttlichen Gemahlin Hera durchs Himmelsgewölbe ziehen durfte, und durch die frühen Christen, bei denen es zu den Bewohnern des Paradieses gehörte. Man siedelte also Pfauen an, die vom benachbarten Gut Sacrow geholt wurden. Fortan hieß die Insel nach ihren neuen Bewohnern. Und bald schon würde sich in warmen Sommernächten der Schrei der Pfauen mit dem Gesang der Nachtigallen vereinen.

Die Bauherrin aber trat nun, kurz vor der Vollendung ihres Werks, eine lang ersehnte Reise an, auf der ihr königlicher Freund sie doch so gern begleitet hätte.

Kapitel 16

Italien!

Ein Morgen im Mai. Noch liegt die Dämmerung über dem Park. Ein Reisewagen mit geöffnetem Schlag steht vor dem Palais an der Spree. Wilhelmine wartet auf den König. Endlich hat er zugestimmt, endlich darf sie fort. Nach Italien. Bald dreißig Jahre nun liegt ihre Parisreise zurück, abgesehen von kurzen Aufenthalten in Dessau, Hamburg, Frankfurt und Spaa hat sie sich seither nicht mehr aus Preußen entfernt. Friedrich Wilhelm meinte, sie nicht so lange entbehren zu können. Endlich ist es ihr gelungen, sein Einverständnis zu gewinnen. Seit Jahren hatte sie es versucht. Immer war er dagegen. Da es schlecht um ihre Gesundheit steht, hat nun der königliche Hofarzt Brown ein Machtwort gesprochen – und der »liebe Freund«. Manchmal spricht der Hilfsgeist auch, um für das Wohl seiner Erfinderin zu sorgen. Der König genehmigte eine Kur in den Bädern von Pisa, und sie sollte, so sein Auftrag, in Florenz, in Rom und Neapel Kunstwerke einkaufen für die Schlösser Preußens. Wie lange wird sie bleiben? Ein Jahr, zwei Jahre?

Mit eigenen Augen wird sie sehen, wovon die Stiche in den Büchern nur einen Abglanz boten. Alles, alles – den schiefen Turm, das Kolosseum, die Vatikanischen Museen, die Bucht von Neapel. Italien!

Der König hat seine Gemächer im Charlottenburger Schloss verlassen und geleitet sie selbst zum Wagen. Mit Empfehlungsschreiben hat er sie ausgestattet und einem großzügigen Budget sowie einer *carte blanche,* einer unbegrenzten Vollmacht an die vornehmsten Bankhäuser in Mailand, Florenz, Livorno, Rom und Neapel. Ein verführerisches Papier, doch sie wird es nie zum Einsatz bringen, denn, so wie sie später schreibt, »der König kannte mich schon und wusste, dass ich keines Missbrauchs desselben fähig sei, auch habe ich ihm diese Karte zurückgegeben … indem die ausgesetzten Reisegelder vollkommen hinreichten.«

Es ist der 13. Mai 1795. Schweren Herzens verabschiedet der König seine einzige Freundin. Wie gerne hätte er sie begleitet. Wie gerne wäre er mit ihr gekommen. Zwei Wochen nach ihrer Abreise schreibt er: »[Es] macht mir traurig auch der Gedanke, dass ich nach dem schönen Lande niemals hin kann wie Sie hin reisen werden; wenn das im Herbst oder im Winter möglich wäre ...« Er bittet um ihren oder des »Freundes« Rat. Und später setzt er nach: »Ach, könnte doch die Reise bald vor sich gehen...« Wilhelmine geht darauf nicht ein, obwohl auch sie sich nichts dringlicher wünschte als den Freund an ihrer Seite. Sie schweigt. Ob Wilhelmine zu verantwortungsbewusst war, um ihren Freund in solch extravaganten Wünschen zu unterstützen? Schließlich war ein absoluter Herrscher in seinem Land unabkömmlich, die Staatsgeschäfte erlaubten keine längere Abwesenheit aus privaten Gründen. Obwohl es sich der von Friedrich Wilhelm II. so geschätzte Fürst Franz von Anhalt-Dessau tatsächlich geleistet hatte, im siebten Jahr seiner Regierung mit Freund Erdmannsdorff 1765 nach Italien zu reisen. Er aber war König von Preußen, und Preußen war anders. So blieb ihm nur die Zuflucht zu Büchern. Unter dem Eindruck von Winckelmanns Werk träumte er sogar davon, »die Krone niederzulegen und unter dem milden Himmel Italiens seine Gesundheit wiederzugewinnen.« Doch das blieben Träume.

Wilhelmine fuhr mit großem Gefolge. Ihre Begleiter waren der Hofpoet des Königs, Filistri, als einziger des Italienischen mächtig und somit Reisemarschall, Fräulein Chappuis als Gesellschafterin, ihr Sekretär Steinberg sowie weitere Dienerschaft. Dass sie mit fürstlichem Aufwand reisen konnte, dafür hatte der König gesorgt. Die Gesellschaft brach in drei Wagen auf, man wählte die Route über Prag nach Wien, wo man einen Monat Aufenthalt nahm, sodann über Salzburg, München in die Schweiz. Ende Juli besuchte sie Johann Lavater in Zürich, dessen Schriften über Physiognomik der König sehr schätzte und auch ihr wohlbekannt waren. Sie beauftragte den Gelehrten, sich um ihre dortigen Kunstkäufe zu kümmern. Ende September schließlich erreichte sie Pisa, wo sie in den Bädern sofort mit der Kur gegen ihr chronisches Magenleiden begann.

Zum ersten Mal das Meer! Die Sonne, die Farben, das fröhliche Treiben auf den Plätzen – Italien zeigte sich voller Liebreiz, und sie erholte sich schnell. Während eines Ausflugs nach Livorno genoss sie – welch eine Premiere – eine kleine Schiffsreise, sie verkehrte beim schwedischen Gesandten, der englische Admiral William Hotham führte sie an Bord der englischen Flotte, man erkundete die Gegend vom Wasser aus. Italien zeigte sich höchst unterhaltsam. In Florenz schloss sie Bekanntschaft mit einer Poetin, dem Galeriedirektor Puschini, dem Nuntius des Papstes, und sie schickte einen floralen Gruß nach Hause: Weinreben für den Neuen Garten. Dann, drei Tage nach ihrem zweiundvierzigsten Geburtstag, rollt ihr Reisewagen, rechtzeitig zum Weihnachtsfest, in der Ewigen Stadt ein. Es ist der 22. Dezember 1795, und schon erwartet sie ein teilnahmsvoller Brief des Königs: »... was werden Sie erst in Rom fühlen, wenn Sie diese Hauptstadt der alten Weltbezwinger ... sehn, werden Sie nur nicht krank von der gar zu starken motion«, schreibt er väterlich besorgt, »halten Sie sich nur nicht in gräber, unterirdische gänge auf ... ich kenne Ihren Gusto, das lassen Sie nur bleiben ... wann Sie nach Neapel kommen werden, so nehmen Sie sich für der Königin in acht, die alles hasst, was Preußisch ist und sein Sie auch nicht zu dreist auf dem Vesuvius und laufen nicht da zuviel herum ... man muss ... kein Wagehals sein.«

Einstweilen begibt sich Wilhelmine nicht in Gefahr, sie geht auf Empfänge zu ihren Ehren. Der Gesandte von Venedig gibt ein Frühstück, die spanische Gesandtschaft ein Sonntagsdiner, der spanische Minister lädt zu einer illustren Abendgesellschaft. Man spricht natürlich allenthalben über die Favoritin Friedrich Wilhelms II., über »ihre Talente, ihre Kenntnisse und ihren Geist«, wie der preußische Geschäftsträger in Rom, Abbete Ciofani, nach Berlin berichtet. Sie genieße »die Wertschätzung und Hochachtung der distinguierten Personen der Stadt.« Sicher liegt darin auch eine gewisse Gefälligkeit gegenüber dem Auftraggeber. Aber Tatsache ist, dass Wilhelmine Encke in Rom »größte Herren« wie den Fürsten Borghese oder den Herzog de Ceri dazu bewog, ihr Gefolge auf den Empfängen und Bällen zu bilden. Sogar der Stellvertreter des Papstes machte ihr seine Aufwartung, was die Katholikin mit besonderer Genugtuung vermerkte. Lediglich der Papst selbst konnte sie nicht empfangen, da er sich wegen eines möglicherweise drohenden Mordanschlags gerade zurückziehen musste.

In einem ausführlichen tagebuchartigen Zwischenbericht im Januar schildert Wilhelmine dem König ihre römischen Erlebnisse und auch die in Neapel, wohin sie in der Zwischenzeit gefahren war.

Es ist dies einer der wenigen erhaltenen Briefe von den vielen, die sie dem König von Italien aus geschrieben hat. Wie diese, so sind auch ihr Reisejournal sowie ihr Tagebuch bei ihrer Festnahme vernichtet oder von ihr selbst verbrannt worden.

Als versetzte sie sich zurück in die Stunden des prinzlichen Unterrichts, fängt sie an, »Rom im ganzen in Augenschein zu nehmen: Das uralte Amphitheater, ganz den alten Römern würdig, ob man zwar nur noch den Rest von der Größe der damaligen Zeit siehet. Von der großen Last der Steine ist es mehr als 5 Fuß in die Erde gesunken, welches man an den Kolonnen siehet, welche nur noch halb heraus stehen. Ganz mit Sträuchern und Moos ist es bewachsen; inwendig ist ein kleines Häusgen, wo ein alter Kuhehirt jetzt wohnet. Auf dem ... Hof stehet ein Kruzifix nicht weit davon. Alles dies machte einen wirklich großen Eindruck auf mein Herz und tausend Gedanken über die vährgenkligkeit weltlicher Dinge drängten sich in meine Seele. Alle, die ihre Freuden und Leiden bei den ... für die Ewigkeit gebauten Mauern genossen haben, ... nichts mehr von ihnen, nicht einmal ihre Asche.«

In dieser melancholischen Stimmung besucht sie die Vatikanischen Museen, wo sie sich einen Schnupfen holt, obwohl sie begeistert von Raffael ist und von verschiedenen Skulpturen, der Büste von Julius Cäsar, »die Sie auch haben«. Sie hingegen, verkündet sie voller Stolz, sah das Original. Auf dem Kapitol sucht sie den Ort, an dem Brutus seinen Ziehvater erdolchte und findet dabei eine Darstellung der Erretter Roms, der legendären Gänse, die allerdings, da sie wie Enten aussehen, nicht ihre Zustimmung finden. Wenn schon, so ihre Ansicht, die Kunst nach der Natur arbeite, habe sie sich deren Vorgaben zu beugen und der historischen Wahrheit auch.

Bei aller Freude über die neuen Eindrücke – nie vergisst sie, dass ihr schönes Leben ein einzigartiges Geschenk ist. An Hannes Ritz, einen der wenigen Vertrauten des Königs derzeit, schreibt sie: »... glaube mir, lieber Hans, dass wenn ich das Glück haben könnte, deinen Herrn und Dich hier zu sehen ich ein Theil von Mein Leben darum gäbe, denn alle die alten Antiken und das ehrwürdige Rom zu sehen, würde ihm so viele Freude machen. Gern wollte mich als Junge anziehen, um alsdann ... mit unserem lieben Herrn zu sein. Du kannst nicht glauben, wenn ich das alles sehe, wie groß meine Sehnsucht ist, denn in meiner ersten Jugend haben wir beide so viel davon gelesen und gesprochen, so dass, wenn ich die Dinge sehe, unser Freund mir immer dabei fürs Auge stehet und ich alsdann weine und mir das Herz schlägt, weil ich ihm alle die kleinen Kenntnisse, die ich habe, zu verdanken habe und die mir jetzt hier vielen Nutzen bringen.«

Nutzen davon hat sie bei ihrer Tour durch die Sehenswürdigkeiten, aber auch als Dame der Gesellschaft. Sie folgt der Einladung des Bruders des preußischen Gesandten auf eine Gala, wofür sie sich ganz besonders herausputzt, »um dem Berliner Geschmack keine Schande zu machen«, sie besucht die Oper und wundert sich, dass die Herren von Stand dem Bühnengeschehen nur von einer Loge aus beizuwohnen wünschen und es vorziehen, bevor sie sich ins Parkett begäben, auf dem Korridor zu stehen. Sie fährt nach Pompeji, auf den Vesuv und sie lernt auch dort eine Reihe von Leuten kennen.

Als eine große Dame Preußens erlebte sie Glanz und Reichtum der italienischen Hofgesellschaft, ganz anders als zuhause. Noch immer schön, immer voller Esprit und sprühendem Temperament, war sie von vielen Bewunderern umlagert. Manche werden sich nicht zuletzt auch einen materiellen oder politischen Vorteil von der Bekanntschaft mit ihr versprochen haben. Herzöge und Fürsten, Gesandte aus England, Frankreich und Österreich zählten zu ihrer Entourage. Nur der Hof von Neapel machte Schwierigkeiten. Königin Maria Karolina, eine geborene österreichische Erzherzogin und Tochter Maria Theresias, wollte zwar einer königlichen Geliebten, nicht aber einer bürgerlichen Madame Ritz die Ehren ihres

Wihelmine inmitten einer romantischen Reisegesellschaft beim Reitausflug in die römischen Berge. Sepiazeichnung von Peter Gottlieb Müller

Hofes bewilligen, und schon gar nicht – da hatte Friedrich Wilhelm ganz Recht – einer Preußin.

Ganz anders bei den Hamiltons. Die möchte sie unbedingt kennen lernen. Sir William, der ihr schon wohlbekannt ist als Kunstsammler und Verfasser jenes Vasenkatalogs, der ihr im Marmorpalais bei der Auswahl von Antiken beste Dienste geleistet hatte, und sie, deren Ruf als unvergleichliche Schönheit durch Europa hallt. Auf Vermittlung Lord Bristols, ihres neuen Bekannten, macht sie einen Besuch in deren Sommersitz Caserta. Die Dessauer Musikantentochter trifft die Frau, die ebenso wenig der Klasse entstammt, in der sie nun die glanzvollste Zeit ihres Lebens zubringt. Emma Hamilton, Tochter eines Dorfschmieds, wie es heißt, hat durch ihre Heirat offensichtlich den Aufstieg in die englische Hocharistokratie geschafft. Schwestern im Geiste also? Auch Lady Hamilton ist eine leidenschaftliche Frau, später wird sie wegen ihrer Liebe zu Admiral Nelson für immer mit dem Namen des englischen Nationalhelden verbunden sein. Noch aber fährt der in weiter Ferne über die Weltmeere.

Vom ersten Augenblick an scheinen sie sich bestens zu verstehen, die mächtige Favoritin des Königs von Preußen und die englische Lady. »Sie ist ein Engel«, schreibt Wilhelmine ins Marmorpalais, »nicht allein ihr Äußeres, welches schön ist, sondern ihre Seele, welche ganz dem Körper ähnlich ist; voller Talente, singt sie wie ein Engel, macht die schönsten und reizendsten Attitüden, alle nach den Figuren, welche man in Herculaneum gefunden hat.« Wilhelmine folgt ihrer Einladung und bleibt einige Tage in der Gesellschaft des Paares. Ihn, der dem Alter nach »mehr als der Vater seiner Frau sein« kann, hält sie zunächst für einen »kalten, trockenen Mann.« Aber wenn »man ihn erst kennt, muss man ihn schätzen und lieben.« In bester Stimmung also verbringen sie die Zeit im kleinen Kreis. Man sitzt zum Frühstück um einen dicken, runden Mahagonitisch, redet lange Stunden, man tafelt in der Sonne, spielt Quartett, eine Musikkapelle unterhält des Abends, der Hausherr greift zur Bratsche, und man unternimmt Ausflüge in die Umgebung. Es ist Frühling in der Campagna. Friedrich Wilhelm freut sich von Herzen über diese Freundschaft, denn, wie er schreibt, auch er hat »die Lady immer geliebt«.

Die italienische Reise gehörte zu den wahrhaft unbeschwerten Zeiten in Wilhelmines Leben. Doch auch das Land, wo die Zitronen blühen, kennt Wetterumschwünge. In Neapel im Gasthof »alle Crocelle« am Kai diktiert sie ihrer Gesellschafterin in die Feder: »Wir standen am Fenster und genossen der prächtigen Aussicht. Vor uns das Meer und im Hintergrunde die Insel Capri ... in der Ferne der in Nebel gehüllte Vesuv! Das Meer war stürmisch, dies stimmte uns zu melancholischen Phantasien über die Zukunft.« Sollte sie geahnt haben, was für sie vorgesehen war, oder war ihre Seele nur empfänglich für ein romantisches Naturerlebnis?

Da wird ihr Alois Ludwig Hirt vorgestellt. Der Altertumskenner ist ein Glücksfall für die Kunstliebhaberin aus Preußen. Sechs Jahre jünger als Wilhelmine, von angenehmstem Äußeren, hat er sich als Autodidakt einen reichen Schatz an Kenntnissen in klassischer Kunst und Literatur angeeignet und diese dazu benutzt, sich höheren Orts Freunde zu erwerben. Wilhelmine kennt sich aus mit einem solchen Werdegang. Von 1782 an hatte Hirt sich seinen Lebensunterhalt damit verdient, Touristen – unter ihnen auch Goethe – durch die Sehenswürdigkeiten Italiens zu führen. So macht auch sie von seinen Diensten als Cicerone Gebrauch.

Da sie keineswegs nur eine Besichtigungstour unternimmt, sondern ganz gezielt, nach dem Vorbild Erdmannsdorffs, Kunst einzukaufen beabsichtigt, lässt sie sich von Hirt beraten. Nachdem er ihr zunächst noch einmal die Glanzpunkte Roms unter seiner kundigen Führung vorstellte, die Schätze der Museen und Galerien – da fand sie unter den käuflichen Sachen nichts mehr schön genug. Am Ende begnügte sie sich damit, bei einigen Künstlern, deren Arbeiten ihr gefallen hatten, Bestellungen aufzugeben: Landschaften von Johann Christian Reinhart, Szenen aus der Mythologie von Friedrich Rehberg, ebenso dessen Zeichnungen von Lady Hamiltons Attitüden, Tierstücke von Wenzel Peter, die vollständigen Kupferwerke von Piranesi und von Giovanni Volpato, dessen Stiche das runde Turmkabinett im Pfaueninselschlösschen schmücken sollten. Auch bei den Brüdern Hackert hat sie Aufträge hinterlassen. Und Wilhelmine war wieder als Mäzenin tätig: Der junge Maler Peter Gottlieb Müller erhielt die Chance, Ansichten aus der römischen Umgebung zu fertigen, und sie gewährte ihm »eine kleine Pension, um ein paar Jahre allda studiren zu können«. In seiner Verehrung für den Kunstsinn und Humor seiner Wohltäterin entwarf er die berühmte kleine Karikatur einer romantischen Reisegesellschaft beim Naturerlebnis: »Wilhelmine Gräfin Lichtenau mit Gefolge auf einem Reitausflug in die römischen Berge«.

Schließlich bat die Kunstsammlerin auch noch darum, man möge ihr Georg Andreas Hoffmann aus Berlin schicken, damit er in Rom Kopien großer Gemälde anfertigte. Jetzt schon wünschte sie, ihre Eindrücke daheim zu vergegenwärtigen und natürlich den Freund daran teilhaben zu lassen. Bereits während ihres Aufenthalts schickte sie einige Dinge nach Berlin: Kamine, Kandelaber, Tischplatten aus Marmor, Möbel, Vasen, Tapeten, ein Marmormosaik. Aber sie schickte auch Kulinarisches. Kistenweise rollten Wein und Käse über die Alpen Richtung Preußen, damit man im Marmorpalais den Süden ins Glas füllen und auf die Platten legen konnte. Neben der Kunst liebte Wilhelmine eben das Reelle.

Hirt war es schließlich, der seiner Auftraggeberin riet, sich von der angesehensten Malerin der Stadt, von Angelika Kauffmann porträtieren zu lassen. Lange Jahre hatte das einstige Wunderkind in England Triumphe gefeiert, aber Angebote einer gesicherten Stelle als Hofmalerin immer abgelehnt. Gebildet und überaus fleißig, wurde sie überschüttet mit Aufträgen aus allen Herrscherhäusern Europas. Ihr Haus war der gesellige Mittelpunkt für deutsche Künstler in Rom, Winckelmann zählte einst zu ihren Freunden, mit Goethe korrespondierte sie.

Am 16. April vermerkt die Malerin in ihrer Werkliste den Beginn der Arbeit. Drei Tage später schrieb Hirt an Madame Ritz: »Und dieses Bildnis! Möchte es doch werden, wie ich es in meiner Phantasie vor mir sehe! Doch hierfür wird schon die vortreffliche Angelika sorgen. Nur eins bäte ich dabei: erstlich ganze Figur, zweitens ganz einfach weiß gekleidet, drittens bloße Arme, viertens einfach sitzend in einsamer Landschaft, wo etwa im Mittel- oder Hintergrunde eine merkwürdige Ruine von Rom erscheint. Doch alles dies überlasse ich Ihrer eigenen Inspiration. Wer kann den Grazien Gesetze vorschreiben, auf welche Weise sie am besten als solche erscheinen werden.« Modell und Malerin halten sich an diese Empfehlungen, hat Hirt doch als langjähriger Stadtführer Erfahrung mit Romreisenden und den Notwendigkeiten, die ein solches Touristenporträt zu erfüllen hat. Schon Goethe ist offenbar gewissenhaft diesem Rat gefolgt, als Johann Heinrich Wilhelm Tischbein ihn 1787 in der Campagna malte. Nur Wilhelmine setzt sich in einem Punkt über des Kenners Bitte hinweg: Wilhelmine steht auf ihrem Porträt. In den drei Wochen bis zu ihrer Abreise aus Rom am 9. Mai 1796 verbrachte Wilhelmine also viele Stunden bei der Malerin in ihrem Atelier. Man blickte weit über die Hügel und die Kuppeln der Ewigen Stadt, in der Via Sistina auf dem Pincio, ein Bild, das sich ihr für immer einprägen wird.

Lässig lehnt sie, den Arm aufgestützt, an einer steinernen Stele. Das Kleid, das sie trägt, hochgegürtet, ist sehr modern und könnte doch, abgewandelt, aus der Antike stammen. Arkadien also, inmitten einer italienischen Landschaft. Dazwischen erhebt sich, als »merkwürdige Ruine«, das römische Kolosseum. Rote Rosen wachsen in einer Schale, dahinter kreuzen sich auf sonderbare Weise zwei Baumstämme. Angelika Kauffmann legte Wert auf heimliche Botschaften in ihren Bildern, wie diese Anspielung auf die Rosenkreuzer zeigt. Offenbar war sie bestens mit den persönlichen Verhältnissen ihres Modells vertraut.

KAPITEL 17

Die Liebhaberin

»Eure Majestät wissen wohl, dass ich für mich auf die törichten Eitelkeiten der Hofetikette keinen Wert lege«, schrieb Wilhelmine aus Italien an den König. »Allein, es bringt mich in eine schiefe Stellung, da meine Kinder durch die Gnade E.M. in den Grafenstand erhoben sind, während ich noch immer dem einfachen Bürgerstande angehöre.« Sie betrieb also endlich den Erwerb des Adels-Diploms, nicht für sich, wohl aber, um ihre Tochter verheiraten zu können, wie sie schrieb. Es hatte sich in Italien eine in ihren Augen geeignete Partie aufgetan, der Sohn ihres guten Bekannten Lord Bristol. Für eine solche Verbindung bedurfte auch die Mutter des adligen Standes. Der König antwortete ihr am 18. März 1796 mit großer Bereitwilligkeit: »Was unsere liebe Tochter anlangt, so freue mir zu der Verbindung, die nach dem Rat, auf welchen sie geschieht [Bristols] nicht anders als höchst glücklich sein kann. [Er] ist ein kluger ... Mann. Schreiben Sie mir doch, wie sich die jungen Leute kennen lernen sollen.« Und vier Tage später: »Nun lassen sie uns wegen des Titels sprechen; R[itz] hat einen Abscheu dafür. So würde ich Ihnen ... einen solchen Titel geben, aber Ihren Namen würden sie alsdann ändern müssen und einen anderen annehmen.«

Wilhelmine wählte, hergeleitet aus den Gütern ihrer Tochter in der Neumark, den Namen Lichtenau. Mit Eile entsprach Friedrich Wilhelm ihrem Wunsch: »Heute früh«, heißt es am 27. April 1796, »habe schon alles ... besorgt«, und er unterzeichnete das Diplom am selben Tag, zurückdatiert, wie es häufig üblich war, auf den 28. April 1794. Ihr Bruder Carl überbrachte Wilhelmine den Adelsbrief persönlich nach Venedig. Außerdem überreichte man ihr einen Stammbaum mit vier Ahnen von väterlicher und mütterlicher Seite. Das Wappen, das sie fortan führte, zeigte rechts in Silber einen halben preußischen Adler, links in Blau eine preußische Königskrone.

Ihr bis dahin geführter bürgerlicher Name Ritz galt damit als erloschen, zu gleicher Zeit wurde ihre Ehe mit dem Kämmerer als geschieden betrachtet. Am 9. Mai verließ sie Rom, und innerhalb von drei Wochen erreichte sie Venedig. Hier erhielt Wilhelmine den Titel der Gräfin von Lichtenau. Fortan trug Wilhelmine den Namen, unter dem sie berühmt wurde.

Noch aber befindet sie sich in Rom, ist der Mittelpunkt eines Schwarms von Verehrern, die auch mit Heiratsanträgen nicht zurückhalten. Prinz August von England erfreut sich ihrer Gunst, auch St. Ignon, den sie in Wien kennen lernte, von wo aus er ihr nach Italien folgte, um sie bis nach Berlin zu begleiten. Dort wird sie ihm eine Stelle als Vorleser beim König verschaffen.

Selbst der gute Hirt galt zeitweise als Anbeter. Ob sie ihm Hoffnungen machte? An Madame Ritz schrieb er am 19. April 1796, als sie auf seine Empfehlung bei Angelika Kauffmann zum ersten Mal Modell gesessen hatte: »Das Briefchen vom Sonnabend, welche Gesinnungen! welche Aussichten für die Zukunft! Wodurch verdiene ich dies?«

Mit Sicherheit aber bot Wilhelmine an, ihn in ihr Gefolge auf der Reise und in ihr Haus in Berlin aufzunehmen. Darauf antwortete er mit mehr als nur einem artigen Kompliment: »... so könnte ich keinem reizenderen Bilde entgegen sehen, als dasjenige ist, welches Sie für das Glück und den vollen Genuss meiner künftigen Tage entwarfen. Wohnung und Tisch mit Ihnen gemeinschaftlich zu haben, ja selbst auf Reisen Ihnen zu folgen, was könnte für meine Empfindung erwünschter, für meine Phantasie blühender sein?« Gewiss trieb ihn, den freiberuflichen Reiseführer durch Italien die Sorge um seine Zukunft um. Madame Ritz, baldige Gräfin Lichtenau, so hoffte Hirt, fand sicherlich Wege, diese günstig für ihn zu gestalten. Jedenfalls stellte sie ihn nach ihrer Rückkehr dem König vor, er wohnte im Neuen Garten in einem der für Gäste vorgesehenen Häuser und speiste häufig bei ihr. Friedrich Wilhelm II. schließlich bestellte ihn zum Erzieher seines vierten Sohnes, des Prinzen Wilhelm, der eine Neigung zur Archäologie zeigte, und zum Geheimen Rat an der Akademie der Wissenschaften mit einem Gehalt von 1800 Talern.

Ansicht der Neptungrotte bei Tivoli, 1797 von Peter Gottlieb Müller gemalt, von der Gräfin für die Schlösser des Königs erworben. Am unteren Bildrand die Gräfin in Begleitung zweier geschätzter Reiseführer, Alois Ludwig Hirts und des Malerdichters Friedrich Müller

Der feurigste unter Wilhelmines Verehrern aber war Chevalier de Saxe. Eigentlich hieß er Josef Graf von der Lausitz, entstammte der morganatischen Ehe zwischen seinem damals in Sachsen als Stellvertreter regierenden Vater Franz Xaver und der Gräfin Carla Spinucci. Seine Kindheit hatte er in Frankreich auf Schloss Lusac verlebt, wohin sich sein Vater nach der Aufgabe seiner Amtsgeschäfte in Begleitung der Gräfin, seiner großen Liebe, zurückgezogen hatte. Später wurde der Chevalier zum Gouverneur von Neapel. 1802 starb er in einem Duell mit dem russischen Fürsten Tscherbatow bei Töplitz. Ein Feuerkopf also. Mit ihm unterhielt Wilhelmine wohl mehr als nur eine kleine Tändelei. Der Urenkel von August dem Starken war ein schöner junger Mann, gebildet, empfindsam und ein Enthusiast. »Bis jetzt habe ich nicht geliebt«, schreibt der Neunundzwanzigjährige, und man mag es kaum glauben, »ja, ich hatte nicht einmal eine Neigung zu einer Frau, und die erste, die Eindruck auf mein Herz macht, raubt mir meine Ruhe für immer. Ich würde andere Frauen finden können, aber ich werde niemals bei irgendeiner von ihnen jenes Glück fühlen, das ich genieße, wenn ich bei Dir bin. Der Gedanke ist die Ursache des Unglücks meines Lebens.« Wilhelmine wird es gefallen haben mit ihm, doch ganz und gar mochte sie sich wohl ihrem Gefühl nicht hingeben. Freilich, er besitzt einen schwärmerischen Geist, das hat sie schon immer angerührt. So darf er schreiben: »Wie, du liebst mich also wirklich? ... Obwohl du mich sehr hast leiden lassen, wollte ich doch nicht, dass ich Dich nicht kennen gelernt hätte, und müsste ich gleich wieder die grausamsten Qualen erdulden ... Wenn die örtliche Ferne mich hindern wird, Dein Liebhaber zu sein, wirst Du sicher an mir einen ebenso aufrichtigen und ergebenen Freund haben, als ich jetzt ein zärtlicher und leidenschaftlicher Liebhaber bin ... Wie hast du der Liebe ein Herz öffnen können, in dem sie als Tyrannin herrscht, seitdem ich das Glück oder das Unglück hatte, die ausdrucksvollen Augen, den schlanken Wuchs, den unwiderstehlichen Reiz kennen zu lernen...«

Daran hatte auch ein anderer größten Gefallen gefunden, Lord Bristol, der mächtige Nebenbuhler des Chevalier de Saxe. Er machte Wilhelmine mit allem Raffinement den Hof, fädelte den Heiratsplan zwischen seinem Sohn und Wilhelmines Tochter ein, wozu es dann aus tragischen Gründen nicht kam. Der Bräutigam verunglückte tödlich. Lord Bristol machte Wilhelmine mit den Hamiltons bekannt – und sich auch sonst in jeder Hinsicht unentbehrlich.

So wurde Wilhelmine zu Friedrich August Herveys, Lord Bristols, letzter Liebe. Sie hatte ihn in München kennen gelernt, und sie traf ihn wieder in Neapel, in seinem mit Kunstschätzen gefüllten Haus. Bristol war ein Exzentriker, schwerreich, Liebhaber der Künste und obendrein Bischof von Derry, was er aber wenig ernst nahm, vielmehr vertiefte er sich in die Naturgeschichte des Vesuvs und saß lieber mit Fischern und Tagelöhnern als mit Kardinälen beim Wein. In Wilhelmines Leben spielte er eine besondere Rolle. Offen bleibt, ob sie sich tatsächlich zu ihm hingezogen fühlte, oder ob er sie nur umwarb. Jedenfalls schlug er ihr eine Reise nach Ägypten vor, trug beständig das Bildnis der schönen Preußin in einem mit Diamanten besetzten Medaillon auf der Brust, verschaffte ihr Zutritt zu italienischen Adelshäusern und übernahm auch sonst, schon sechzig Jahre alt, die Rolle des *maître de plaisir*. Er überraschte sie mit Geschenken und legte ihr auch seine Schlösser zu Füßen: »Meine liebe Freundin«, stellte er in Aussicht, »die Herzogin von Devonshire würde sie in London einführen, und wir würden zwölf Meilen von London in seeligen Gefilden beständigen Vergnügen leben. Wir werden beide … getrennte Häuser bewohnen, um uns durch die Trennung noch mehr Appetit aufeinander zu machen … Dort am Meeresufer, werden wir im Bade wie im antiken Bajä tanzen und singen und beim Jagen und Reiten werden wir uns ständig sehen … Wenn Lord Stormouth' Haus in London zu mieten ist, müsste man es sich sichern; dort werden Sie nach Herzenslust tanzen und Theater spielen dürfen. Sonst schlage ich auch ein Schloss in Irland vor … ein Paradies würde das werden.«

Als der König erfuhr, dass der Lord Wilhelmine beschenkte und darauf bedacht war, ihre Existenz für die Wechselfälle des Lebens sicherzustellen, verbat er sich eine solche Einmischung in seine Angelegenheiten, vielmehr sei »es doch ihm zu überlassen, die Frau, die achtundzwanzig Jahre hindurch seine beste Freundin gewesen, selber zu versorgen.« Also war es Bristol, der den König indirekt dazu bewog, Wilhelmines Zukunft zu sichern, so weit es in seiner Macht stand. Hätte sie geahnt, was vor ihr lag, wäre sie dem steinreichen Lord dann gefolgt? Ein sorgloses Leben, zumindest materiell gesehen, schien er zu garantieren. Der König aber konnte sich auf ihre Treue verlassen. Vielleicht mangelte es ihr an einer verlässlichen Zuneigung zu dem Mann, der sie so schmeichelnd umwarb. Und natürlich setzte sie wie immer ihr unerschütterliches Vertrauen in die eigenen Kräfte, den Glauben daran, dass Gefahr nicht drohte. Im Januar 1797, Wilhelmine ist längst nach Berlin zurückgekehrt, warnte Bristol sie noch einmal inständig: »Ich höre, dass der König so krank ist. Ich beschwöre Sie, achten Sie auf Ihre Interessen, dass das Versprechen, das ihnen gegeben wurde, auch erfüllt wird. Ihre Sorglosigkeit beunruhigt Ihre Freunde.« Noch immer könnte Wilhelmine sich für den Sprung entscheiden. Noch immer hat sie die Wahl. Ein letztes Angebot. Sie schlug es aus.

Einstweilen jedoch fährt Wilhelmine auf Gondeln durch die Lagunenstadt und ist voller Pläne für die nächsten Tage: Kirchen, Tintorettos und ein Ausflug nach Giudecca.

Ein Bote aus Berlin. Die Königin hat ihren Oberhofmeister geschickt. Graf Wilhelm von Sayn-Wittgenstein hat schlechte Nachrichten. Der gesundheitliche Zustand des Königs gibt Anlass zu großer Sorge. Alarmiert bricht Wilhelmine ihre Reise ab. Auf Kurierpferden eilt sie in Begleitung des Grafen aus Italien nach Preußen zurück. Am 16. Juni 1796 trifft die Gräfin Lichtenau in Potsdam ein.

Der König erwartete sie sehnsüchtig, und angesichts ihrer nahenden Rückkehr fühlt er sich fast schon wieder gesund: »Ach, was werde ich alles mit Ihnen zu sprechen haben«, schrieb er in seinem letzten Brief vor ihrer Ankunft, »wenn wir alleine sind, nehmen wir das wichtige vor und bei Tische vor Leuten sprechen wir von den weltlichen Merkwürdigkeiten so Sie gesehn, ach, wie freue ich mich...«

Wilhelmine aber steht vor ihrem größten gesellschaftlichen Erfolg. Die Gräfin von Lichtenau wird nun bei Hofe eingeführt.

Kapitel 18

Die Gräfin

Wilhelmines bloße Anwesenheit wirkte auf den König belebend. Es gab Tage, da er die Proben zur »Principessa d'Amalfi«, einer jüngst im Burgtheater Wien uraufgeführten Oper des Salieri-Schülers Joseph Weigl schon wieder auf dem Cello begleiten konnte. Doch dazwischen quälten ihn heftige Anfälle einer fortschreitenden Wassersucht, von Atemnot und Schlaflosigkeit. Der König war ernstlich krank. Die Ärzte rieten zu einer Kur. Also begleitete Wilhelmine ihn nach Bad Pyrmont, und von nun an wich sie nicht mehr von seiner Seite. Mit der treuesten Anhänglichkeit übernahm die einstige Geliebte die Krankenpflege, Tag und Nacht bereit, sprang sie auch mitten im Bade sofort aus dem Wasser, um den zu einem Spaziergang gestimmten König nicht warten zu lassen. Offenbar spielte sie die Rolle der Königin mit deren Billigung, denn die ließ ihr durch den Grafen von Sayn-Wittgenstein ein Porträt sowie einen Ring mit der Inschrift »Gabe der Freundschaft« nach Pyrmont schicken. Die Bäder brachten dem Kranken einstweilen sogar Linderung, sodass man im Herbst, bei Beginn der Saison von Konzerten, Bällen, Soupers mit der Anwesenheit des Königs rechnen konnte.

Nun bereitet sich Wilhelmine auf ihren großen Auftritt vor. Es galt, sie offiziell in die höfische Gesellschaft einzuführen. Ob dies ihr eigener Wunsch war, um sich in ihrem neuen Rang gewürdigt zu sehen – was sie in ihrer Verteidigungsschrift bestreitet – oder der des Königs, bleibt ungeklärt. Die bald siebzigjährige Oberhofmeisterin Voss, nun an die Spitze des Hofstaates der Kronprinzessin Luise berufen, notiert, noch ganz im Bann des Geschehens, bemerkenswert zurückhaltend am 18. September 1796: »Heute abend waren wir im Neuen Garten, wo uns der König mit Liebenswürdigkeit überhäufte. Die Gräfin Lichtenau, frühere Ritz, wurde von der Gräfin Hacke vorgestellt. Sie war sehr zuvorkommend; ihre Tochter, die Gräfin von der Mark, war auch dort; auch der kleine Ingenheim erschien. Es dauerte bis 11 Uhr.« Am 8. Dezember dann bemerkt die Dame sie, die ihr Amt am preußischen Hof unter drei Königen versah, spitz: »Ich war bei der Lichtenau, aber sie empfing mich nicht.« Was immer Wilhelmine dazu bewogen haben mag, klug war das nicht. Denn die Abgewiesene, wenig freundlich gesonnen, würde einen solchen Affront nie vergessen. Also hagelt es Verweise in loser Folge: »... wenn man Alles bedenkt, wer diese Frau ist und wie verwerflich ihr Verhältnis, so ist es schrecklich, sie sehen zu müssen.« – »Der König ist unwohl, die Lichtenau war bei mir und sprach viel von ihm. Diese Person sagt mehr, als sie wahr machen kann, sie ist schrecklich.«

Wie ein Stimmungsbarometer liest sich das Tagebuch der Oberhofmeisterin. Doch Wilhelmine liest keine Gedanken. Auch nicht die der liebenswürdigen, wohlerzogenen Luise, der Frau des Kronprinzen, die am 6. Mai 1797 in einem Brief an ihren Vater gesteht: »Ich ... achte mich selbst zu hoch, um ihr [der Lichtenau] das geringste Entgegenkommen zu beweisen. Ich bin höflich zu ihr, und ich versuche zu vergessen welches Verhältnis uns diesen gesellschaftlichen Zuwachs verschafft hat ... Es ist empörend!«

Unterdessen besucht Wilhelmine unbekümmert Diners, Konzerte, Assembleen. Sie scheint ihre neue Rolle zu genießen. Am 19. Dezember, ihrem dreiundvierzigsten Geburtstag, bescherte sie Berlin eine Sensation. Den ganzen Hof lud sie zu sich ein. Nicht nach Charlottenburg, nein, in ihr Palais Unter den Linden, wo ihr der König einst ein Theater hat einrichten lassen, im Herzen der Residenz. Man gab die Oper »La morte di Cleopatra« von Sebastiano Nasolini, die vor kurzem in Italien ihre Uraufführung erlebt hatte.

Ob diese Wahl wohl bedacht war? Während der Arie der Oktavia, als diese über die Untreue ihres Marc Anton klagte, richteten sich jedenfalls aller Augen auf die Königin, die angeblich ihre Tränen im Taschentuch verbarg. Der Augenzeuge Dampmartin will beim Kronprinzen eine heftige Gemütsbewegung erkannt haben. Zwischen seiner geliebten Mutter und der angebeteten Gemahlin sitzend, warf er verstohlene Blicke, mal zu der einen, mal zu der anderen, als könne er nicht begreifen, wie sie ausgerechnet in die prachtvollen Räume »der Mätresse seines Vaters« gekommen waren. Nichts hätte seine beiden vorherrschenden Tugenden, Sparsamkeit und Anständigkeit, heftiger auf die Probe stellen können. Nach dem ersten Akt verließ er wutentbrannt den Saal, voller Zorn soll er mit gezogenem Degen gerufen haben, er wolle diese Kreatur auf der Stelle töten. Es war Herr von Schmettau, der ihn, wie es heißt, vor seiner Tat bewahrte. Unterdessen nahm die Aufführung unbeirrt ihren Fortgang, der König, dem die tödliche Krankheit ins Gesicht gezeichnet war, huldigte der reich geschmückten Gastgeberin und warf Süßigkeiten in eine Rangloge, in der seine sämtlichen außerehelichen Kinder saßen: Rikchen von der Mark, der kleine Ingenheim und die beiden kleinen Brandenburgs. »Recht schön« fand die Landgräfin von Kassel »die Statuen im Saal«, während ihr Nachbar, Prinz Heinrich, der Onkel des Königs, »in dieser Bude hier« den Skandal witterte. Die Stimmung war also nicht durchweg gut, zumal auch der Rest der königlichen Familie, die Prinzen und Prinzessinnen, bebten ob des Zwangs, sich bei einer Frau als Gäste zu sehen, deren bloße Nähe sie schon aufs tiefste verletzte. Bemerkte Wilhelmine nicht die eisigen Blicke, nicht das Getuschel unter dem Applaus? – Wilhelmine nahm es nicht wahr. Stattdessen lud sie drei Monate später ein weiteres Mal in ihr Theater ein. Man gab Jean-Philippe Rameaus »Die Wilden«. Auch in diesem Stück wird

Eine Flut von Schmähliteratur gegen Wilhelmine erscheint, wozu der Roman »Saul der Zweyte, genannt der Dicke König von Kanonenland« gehört. Während sich Wilhelmine aus einer Geldschatulle bedient, erfreut sich der König an einer Blume

Grazie mit Hyänenkopf. Frontispiz zu dem Minidrama »Infernale. Eine Geschichte aus Sodom«

der versammelte Hof Ähnlichkeiten zwischen dem Bühnengeschehen und den anwesenden Hauptpersonen entdeckt haben.

Der Zustand des Königs verschlechterte sich jetzt von Woche zu Woche. Besserung erhoffte man sich nur noch von einem weiteren Aufenthalt in Pyrmont. Diesmal reiste er, im Juni 1797, mit großem Gefolge, denn zwanzig Reichsfürsten, sämtlich in Sorge vor Frankreichs wachsender Macht, hatten sich zu dem Badeort begeben, um dem preußischen König ihre Aufwartung zu machen. Auch Wilhelmine empfing deren Huldigungen, königinnengleich. Der König aber war so schwach, dass er gestützt werden musste. Zum Geburtstag des Kronprinzen Friedrich Wilhelm (III.), am 3. August, hatte er sich dank Wilhelmines treuer Pflege doch so gut erholt, dass er an der Feier teilnehmen konnte, in deren Verlauf sich Wilhelmine von der Tafel erhob und für alle überraschend dem Geburtstagskind ein selbstgefertigtes Festlied darbot. »Der Kronprinz kam mir nach und dankte mir in den verbindlichsten Ausdrücken, ohne auch nur die entfernteste Abneigung gegen mich zu zeigen«, schrieb sie später. Offenbar beherrschte der Prinz die Kunst der Verstellung und – noch – die Gesetze der Höflichkeit. Dass sie ihn zu solcher Geste genötigt hat, wird er ihr wohl nicht verzeihen. Noch Schlimmeres dürfte er empfunden haben bei dem Handkuss, zu dem er sich nach ihrem

Auftritt in Berlin gezwungen sah. Wilhelmine hatte auf einem großen Fest zu Ehren des Königs die Polyhymnia gespielt, in griechischem Gewand, mit goldenem Diadem. Hofrat Hirt huldigte ihr daraufhin als Berliner Sappho.

Mehr als dreißig Jahre lang hatte Wilhelmine fernab des höfischen Getümmels gelebt. Sie schien keinen Wert auf Pomp und Krone zu legen. Lebenslust und Feierfreude ja, auch Luxus ließ sie sich gefallen, auf Wohlstand mochte sie nicht mehr verzichten, das winzige Gut in Falkenhagen, die Seligkeit ihrer Jugend, lag auf einem anderen Stern, jetzt gab es das Pfaueninselschlösschen. Aber Etikette? Schnürte ein. Wie alles, was sie behinderte, gefiel ihr das Zeremonielle nicht. Ihre Geselligkeiten kannten keinen Zwang.

Mit einem Mal aber schien sie wie geblendet, vom Glanz höfischer Festlichkeiten, von der Macht ihres neuen Namens. Und sie sah nicht die Flut von Hass, die anstieg um sie herum. Schon erschienen die ersten Spottgedichte: »Flieh, Buhlerin, flieh! Des Gerechten Donners Rache wird bald dein Geiles, jetzt hochgeborenenes Ohr erschüttern! Schon türmt sich die furchtbare Gewitterwolke, deren Blitze dich, Vaterlandsschätze-Vergeuderin, zerschmettern werden.« Schmählieder tönten durch die Berliner Gassen, auf Französisch – um des frivolen Reimes willen.

«Une certaine Dame devenait Comtesse
Par le beau jeu de ses fesses.
Si elle recevrait un nouveau Con,
A qoi l'éleverait-on?»
(»Eine gewisse Dame wurde Gräfin
Durch das schöne Spiel ihres Hinterns.
Empfinge sie einen neuen Dummkopf,
Wozu würde man sie dann erheben?«)

Mit ihrer Standeserhöhung hatte sich Wilhelmine nun endgültig den Hass aller zugezogen, den der königlichen Familie und natürlich auch den des sonstigen Adels. Dort hatte man, schon um sich und seinen Stand stolz und in Reinheit zu erhalten, noch nie den Aufstieg einer Bürgerlichen gutgeheißen. Und die Bürger? Die blickten verächtlich auf diejenigen, die sich eitel und hochmütig aus ihren Reihen davon machten: Parvenüs.

Zwischen den Stühlen, zwischen den Ständen – unter einem solchen Zwiespalt hatte auch Wilhelmine zu leiden, während man ihr bereitwillig jede Art von Unbill anlastete: vom verlorenen Krieg in der Champagne über das Verbot der Tabakeinfuhr bis zur angeblichen Misswirtschaft in den Ministerien. Warum, so wurde gefragt, wurden die Steuern erhöht? Nicht die leeren Kriegskassen – die Verschwendungssucht des Königsliebchens war schuld daran. Man konnte und mochte nicht vergessen, dass sie eines armen Musikers Tochter war, die als Kind noch barfuß lief und jetzt mit Fürsten und Königen an einer Tafel speiste. So bestand kein Mangel an Feinden, die im Geheimen auf ihren Sturz bedacht waren. Auch der König nahm es wahr und fühlte, sie warnen zu müssen.

Ein letztes Mal nahm der sichtlich an Auszehrung Leidende in Potsdam die Parade zu Pferde ab, beging am 25. September 1797 seinen dreiundfünfzigsten Geburtstag im Berliner Schloss mit einem Ball und gewährte Abschiedsgeschenke im Bewusstsein des nahen Todes. Auch für seine lebenslange Geliebte und Freundin ordnete er die Zukunft. Endlich übertrug er ihr per Urkunde die Lichtenau`schen Güter in der Neumark und alles andere, so auch das Lindenpalais. Sein Plan aber, die Gefährtin mit einer halben Million Talern in niederländischen Banknoten abzusichern, scheiterte. Hätte Wilhelmine sie in Besitz genommen, wäre sie eine der reichsten Frauen in Preußen gewesen. Ein wahrhaft königliches Geschenk, wie sie selber sagt, nicht weniger als ein Hundertstel des gesamten Staatsschatzes Preußens, so wie Friedrich II. ihn seinerzeit seinem Neffen hinterlassen hatte. Sie erhielt diese Summe aber niemals. Zwar waren die Banknoten zur Gegenzeichnung nach Holland geschickt worden, doch dann ließ Wilhelmine sie in fünf Paketen unentsiegelt liegen. War es Nachlässigkeit oder, wie sie ihrem Verwalter knapp einen Monat vor dem Tod des Königs schrieb, »ein zu großes Zutrauen zu unserem zukünftigen Herrn, als dass ich einen Augenblick sollte unruhig sein?«

Ganz anders verfuhr sie mit ihren heiligsten Erinnerungen. Einige Tage vor des Königs Tod händigte ihr Ritz, damit dessen letzten Wunsch erfüllend, ihre Briefe aus. Da schien sie mit einem Mal die drohende Gefahr zu ahnen. Viele hunderte von Seiten. Wenn die in unrechte Hände fielen? In fliegender Eile blätterte sie durch ihr Leben, vom Ritz'schen Anwesen bis nach Neapel, von Paris bis Breitenwerder, fünfunddreißig Jahre auf Papier, von den ersten heißen Liebesschwüren zu den um des Freundes Gesundheit besorgten Ratschlägen. Aber es war keine Zeit um traurig zu sein. Zwei Stapel häuften sich vor ihr auf dem Tisch, den kleineren verwahrte sie, den großen warf sie ins Feuer.

Zum Sterben zog es den König ins Marmorpalais. Wilhelmine, die nun in seiner nächsten Nähe, im Kavalierhaus wohnte, pflegte ihn aufopferungsvoll. Er litt fürchterlich, rang nach Luft, spie Blut. Ein Martyrium. Wilhelmine wich nicht von seiner Seite. Auch wer ihr im Leben nicht wohlgesonnen war, musste sich vor dem Eindruck ihrer großen Hingabe beugen. Die Königin umarmte und küsste sie und dankte ihr für die Tapferkeit in der Pflege ihres sterbenden Gemahls. Nur der Kronprinz sah sie mit verachtenden Blicken an und sprach, zum großen Schmerz seines Vaters, kein Wort zu ihr. Verzweifelt bat der todkranke Vater in einer letzten Verfügung: »Schließlich empfehlen Wir Unserem geliebten Sohne und Thronerben von Preußen Liebden, diese mit geprüfter Ergebenheit Unserer Höchsten Person stets zugetan befundene Gräfin von Lichtenau zu Milde und Wohlwollen.« Am Vorabend des Todes, nach seinem letzten Besuch beim König, fuhr der Thronfolger nach Berlin zurück und begab sich ins Theater.

Friedrich Wilhelm II. starb am Morgen des 16. November. Als sein Sohn die Nachricht empfing, schritt er zu seiner ersten Amtshandlung als neuer König. Er verfügte die Arretierung der Gräfin von Lichtenau. Ihr Besitztum wurde konfisziert, ihre Wohnungen durchsucht, sie selbst im Kavalierhaus von sechzehn Soldaten bewacht. Ihr Arrest dauerte vier Monate, nach sechs Wochen wurde ihr zum ersten Mal ein zweistündiger Spaziergang im Garten des Schlosses gestattet. Beschuldigt wurde sie des Verrats von Staatsgeheimnissen an fremde Mächte, der unrechtmäßigen Bereicherung aus königlichem Gut und der Schädigung der Person des Königs durch Ausnützung seiner Schwächen. Bereits am 20. November gab

Das neue Königspaar, Luise und Friedrich Wilhelm III. Erste Amtshandlung des neuen Monarchen: Er lässt die Geliebte seines Vaters verhaften. Gemälde von Friedrich Georg Weitsch, 1799

Friedrich Wilhelm III. Befehl, eine Untersuchungskommission zusammenzustellen, die sie im Sinne der Anklage schuldig sprechen sollte.

Die fünfköpfige Gruppe, der der Staatsminister von der Recke, Major von Lützow, Geheimrat Pitschel, der Kammergerichtspräsident von Kircheisen und der Geheime Kabinettsrat Beyme angehörten – allesamt Männer, die dem vergangenen Regime äußerst distanziert gegenüber gestanden hatten – beschlagnahmte allein tausend Briefe, Urkunden, Versicherungsakten, häufte Aktenberge, konnte aber keine Beweise für staatsfeindliche und kriminelle Handlungen finden. Dabei waren die Herren gewiss nicht der Parteinahme für die Freundin des verstorbenen Königs zu verdächtigen. Die Hoffnung Friedrich Wilhelms III., gleich nach dem ersten Befund die gehasste Person mit Festungshaft bestrafen zu dürfen, scheiterte also. Zwei Tage nach dem ersten Bericht erteilte er die Weisung, die Gräfin Lichtenau persönlich zu vernehmen. Zehn Tage lang hatte Wilhelmine vor fremden Männern ihr Leben auszubreiten. Sie wusste es zu verteidigen, allein. Einen Rechtsbeistand verwehrte man ihr.

Am 16. Januar 1798 stand Wilhelmine zum ersten Mal vor der Kommission. Im Protokoll dieses Tages ist vermerkt, »dass die Gräfin mit anscheinend vollkommener Gemütsruhe und Unbefangenheit sich ausgelassen, sich nie widersprochen oder geändert hat.« So ging es weiter, einen Tag auf den anderen. Vieles sprach für die Angeklagte, dass sie die Möglichkeiten, sich oder ihr Vermögen in Sicherheit zu bringen, immer abgelehnt, dass sie Bischoffwerders Briefe an den König zum Beweis ihrer Freundschaft aufbewahrt hat, obwohl der sie verbrannt sehen wollte. Es scheint, als schwänge sogar verwunderte Anerkennung durch die richterlichen Protokolle, für die preußischen Tugenden dieser Frau, ihren Mut und ihre Treue. Dann erstattet die Kommission ihren Gesamtbericht: siebzig Seiten an rechtschaffener Unvereingenommenheit.

Man stellte fest, dass der Verstorbene nahezu nichts unternommen oder beschlossen hat, ohne zuvor den Rat der Gräfin eingeholt zu haben. Das betraf die Bestellung von hohen Beamten, Entlassungen und weibliche Bekanntschaften ebenso wie militärische Aktionen. Jedoch waren alle ihre Ratschläge, sofern sie solche gab, nicht zum Nachteil Preußens. Auch hatte die Angeklagte mit keiner ausländischen Macht zusammengearbeitet. Einer französischen Liste, die am preußischen Hof anzuwerbende Spione aufführte, war sogar zu entnehmen, dass Wilhelmine in Paris als unbestechlich eingeschätzt wurde. Im Sinne der Anklage waren auch die Geisterbeschwörungen kein Staatsverbrechen, selbst wenn sie damit den mystischen Neigungen des Königs Vorschub leistete, die ebenfalls nicht strafbar waren. Sogar der Vorwurf über ihre vermeintliche Verschwendungssucht fiel kläglich in sich zusammen. Ihr legendärer Schmuck, der angeblich weit mehr als eine Million gekostet hatte – mehr als für die ihres Diamantenreichtums wegen berüchtigte Gräfin Cosel ausgegeben wurde – war gerade mal 50 000 Taler wert, ihre Schulden beliefen sich auf 37 000 Taler, und auch auf ihrer Italienreise, die man für reinen Luxus gehalten haben mag, kam sie mit zwei Kreditbriefen über insgesamt 7000 Taler aus. Mit solchen Ausgaben, so die übereinstimmende Meinung, war selbst eine von hohen Kriegsausgaben gebeutelte Staatswirtschaft nicht zu ruinieren.

Lückenlos führte die Kommission ihre Beweise und stellte zweifelsfrei fest: Die Gräfin von Lichtenau wird von allen Anschuldigungen freigesprochen. Der König würde sich ihrem Urteil beugen, ehern wie es da stand, ohne Frage.

Doch was tat der König? Wie ehrte er in der lebenslangen Freundin seines Vaters dessen Andenken? Hatte der nicht die Größe besessen, seinem Sohn eine eigene Stimme zu gestatten, indem er ihm – erstmalig im Hause Hohenzollern – erlaubte, allein seinem Herzen folgend die geliebte Luise zum Traualtar zu führen? Die übrigens schwieg vernehmlich. Briefeschreiberin Luise widmete dem immerhin vier Monate währenden Vorgang keine Zeile. Auch ihre kommentierfreudige Oberhofmeisterin Voss schrieb nichts zum Fall Lichtenau.

»Seine Königliche Majestät in Preußen«, so verkündet Friedrich Wilhelm III. in einer Kabinettsorder am 13. März 1798, »haben aus den beiden Berichten ... mit der größten Indignation die betrügerischen Mittel kennen gelernt, wodurch die gedachte Gräfin sich des unbegrenzten Vertrauens zu bemeistern gewusst ... und die wichtigsten ... Regierungsangelegenheiten von ihrem landesverderblichen Einfluss abhängig gemacht.« Das dürfte wie Hohn in den Ohren der tapferen Richter geklungen haben. Dann folgt nach mancherlei Strafandrohung eine huldvolle Begnadigung, wegen der »Achtung ... und ... Vertrauen, welche die Gräfin achtundzwanzig Jahre, obschon unverdienter Weise ... genossen.«

Abgesehen davon, dass Friedrich Wilhelm III., buchstabengetreu der Order seines Großvaters folgend, mit der dieser Wilhelmine Encke 1770 als Mätresse anerkannte, die wahre Dauer der Liebesgeschichte seines Vaters unzulässig um sechs Jahre verkürzt, sieht die »Gnade des Königs« vor, dass der Besitz der Gräfin von Lichtenau unwiderruflich konfisziert wird, der Schmuck, die Möbel, die Häuser, die Güter und selbstverständlich die halbe Million Taler. Noch im März 1798 wird Wilhelmine nach Glogau verbannt, wo sie sich mit einem Jahresgehalt von 4000 Talern frei bewegen darf. In Berlin bleibt ihr das Haus in der Mohrenstraße. Das ist alles. Über Nacht fallen alle Freunde von ihr ab. Menschen, die sie einst bewundert und hofiert haben, die durch sie zu Rang und Namen und zu Ansehen gelangten, reihen sich ein in die große Schar ihrer stummen Ankläger oder auch ihrer sehr beredten Verleumder wie Graf Haugwitz und Graf Schulenburg-Kehnert.

Da hält es einen der Kommissionäre nicht mehr, einer der Richter steht auf, Kammergerichts-Vizepräsident Kircheisen, und er wagt das Ungeheuerliche: Er rügt die Verfügung des Königs als Fehlurteil. Später wird er sagen: »Wenn das Wort Ungerechtigkeit jemals auf den König Friedrich Wilhelm III. angewendet werden dürfte, so wäre dies in dem Fall der ersten Behandlung der Gräfin Lichtenau der Fall. Der König selbst fühlte Reue darüber und klagte sich an, seinen Vater im Grabe nicht mehr respektiert zu haben. Die späteren Unglücksfälle sah er als Strafe des Himmels an, der seinen Mangel an Pietät rächen sollte.«

Bis es so weit kommt, vergehen jedoch einige Jahre. Einstweilen gilt das Fehlurteil. Wilhelmine nimmt Abschied von ihrer greisen Mutter und verlässt am 15. März 1798 als Staatsgefangene die Stadt.

KAPITEL 19

Ein Leben nach dem Tod

»Meine Geduld ist erschöpft; ich kann nicht länger schweigen! Hart war mein Schicksal, das mich einst ohne mein Zutun, und selbst gegen meinen Wunsch, auf einen Platz stellte, um den mich Tausende unverdient beneideten – und mich danach, nachdem es mich durch die feineren Reize des Lebens verwöhnt, plötzlich von der Höhe des Hofes in die Tiefe einer dreijährigen Gefangenschaft hinabstürzte. Ich ertrug dieses Schicksal; was erträgt der Mensch nicht! Auch wandte es mir nachher wieder sein holderes Antlitz zu; ich erhielt meine Freiheit und trat jetzt in den Stand der holden Mittelmäßigkeit.«

Wieder sind zwei Schmähschriften erschienen, die das Bild der Gräfin von Lichtenau mit in »Galle getunkter Feder« aufs Papier kratzen. Eine schamlose Lust scheint am Werke, die zu treten, die längst am Boden liegt. Schon vor ihrem erzwungenen Aufbruch nach Glogau hatte sich eine schmutzige Flut von Verleumdungen über jenes Haus in Potsdam ergossen, in dem ihr der Prozess gemacht wurde. Lange ließ sie den Schwall von Pamphleten, der sie auch während der ersten Jahre in ihrem Verbannungsort ereilte, stumm über sich ergehen, bis es irgendwann so schien, als hätten die Verleumder von ihr abgelassen. Doch nun rüsten sie abermals zum Angriff. Wilhelmine kennt die Gründe. Das Unglück Preußens, die schmachvolle Niederlage und Napoleons Triumph 1806 bei Jena und Auerstedt – man sucht einen Schuldigen und meint ihn im vormaligen König Friedrich Wilhelm II. gefunden zu haben. Da ist es nur natürlich, dass ihr Name von neuem »aus der Dunkelheit des Privatstandes« hervorgezogen wird. Doch nun beugt sie sich nicht mehr. Ihre Geduld ist erschöpft. Sie wird sich verteidigen. Kein zweites Mal wird man ihr Stillschweigen als Eingeständnis auslegen dürfen. Sie wird sich zu Wort melden. Dazu versichert sie sich der Hilfe eines Fachmanns: Johann Gottlieb Schummel,

Gymnasialprofessor und glückloser Schriftsteller, umso erfolgreicher aber als Satiriker gegen den Philantropismus, gegen die »Idealenkrämer im Erziehungswesen«, was zu seiner großen Beliebtheit unter den Breslauer Schülern beiträgt. Als Verfasser neuphilologischer Unterrichtswerke versteht er sich auf die Gesetze der Rhetorik, und er ist Wilhelmines erster Proband. »Noch vor wenigen Jahren war er mein Freund nicht; vielmehr fand ich ihn ganz voll von den gewöhnlichen, gegen mich kursierenden Vorurteilen. Längerer Umgang ... und eine Menge Beweise meiner Unschuld, die ich ihm nach und nach mitteilte, öffneten ihm endlich die Augen, und er ward nun wirklich mein Freund.« Einen besseren Bündnisgenossen konnte sie für ihr Vorhaben nicht finden. Er, der mit seinen Prosaschriften nicht zu überzeugen vermochte, stellt sich nun in den Dienst einer vom preußischen Hof verfemten Frau – und gewinnt. Im Sinne der Gerechtigkeit. Denn Wilhelmine Encke wird sich mit ihrer Verteidigungsschrift endgültig aus dem Bild einer Fürstenmätresse befreien.

Die »Apologie der Gräfin Lichtenau gegen die Beschuldigungen mehrerer Schriftsteller. Von ihr selbst entworfen. Nebst einer Auswahl von Briefen an sie« erscheint unter dem Lessing`schen Motto »Notwehr entschuldigt Eigenlob« 1808 bei Wilhelm Hensius in Leipzig und Gera. Auf dreihundert Seiten geht Wilhelmine mit ihren Widersachern ins Gericht, erzählt Passagen aus ihrem Leben, dabei ihre Abneigung niederkämpfend, »vor dem Publikum über Dinge zu reden, die für dasselbe gar nicht gehörten«, und sie spart nicht an Witz und Wärme. Mit allen Mitteln geht sie zu Werke, mit Ironie und gefühlvoller Darstellung, der kunstvoll gesetzten Pointe und der lückenlosen Beweisführung, mit aufrichtiger Empörung und der Nachsicht mit manchen ihrer kleingeistigen Feinde. Weit steht sie über ihren Verleumdern, Selbstmitleid scheint sie nicht zu kennen, ihre Waffen sind Gedankenschärfe und – wie immer – Leidenschaft. Als Kronzeugen für ihre Sache ruft sie mit einer Auswahl von hundert Briefen aus ihrer Korrespondenz Freunde und Weggefährten aus ihrem Leben auf, von Angelika Kauffmann über Lady Hamilton, Lord Bristol, Carl Gualtieri, namhafte und namenlose sind unter denen, die auf weiteren dreihundert Seiten Zeugnis ablegen. Die »Widerlegung der Lüge, die sich schnell sagt«, hielt Wilhelmine während der Niederschrift lapidar fest, »kostet ... viel Zeit und Mühe.« So schrieb sie, die angeblich nicht schreiben kann, ein dickes Buch gegen ihren moralischen Tod. Damit gelang ihr wohl größter Triumph.

Der Weg dorthin war vielleicht der beschwerlichste, den sie je gegangen ist. Jedenfalls kann es ihr nicht gerade leicht gefallen sein, das ihr auferlegte Los, so wie es sie vom 16. März 1798 an in Glogau erwartete, hinzunehmen. Eine gefallene Größe, der der Makel des Verbrechertums anhaftete, in einem kleinen Ort in der schlesischen Provinz. Gift habe sie damals nehmen wollen, heißt es. Auch das ist nur ein Gerücht. Gedacht haben mag sie es, aber die Tochter der Susanne Schnetzer aus dem Schwarzwald mit dem kraftvollen Gemüt liebte am Ende das Dasein mehr. So begann Wilhelmine nun, ohne Hofkreise und vornehme Zirkel, ihr zweites Leben. Darin hatte sie Routine, sie stellte sich und packte zu. Bald führte sie wieder ein offenes Haus, und ihrer Ausstrahlung – wie hätte sie verloren gehen können – mochte man sich nicht entziehen. So wurde sie auch dort ein weiteres Mal zum gesellschaftlichen Mittelpunkt, sie umgab sich mit Literatur und Kunst. Der Kommandant der Festung, Dessauniers, der Kammersekretär Gärtner, Hofrat Schuster und Hauptmann Nothardt, der angeblich sogar die Absicht bekundete, sie zu heiraten – Honoratioren in einer kleinen Provinzstadt – waren ihre beständige Gesellschaft in einem gediegenen Haus, in dem sie zur Miete wohnte. Friedrich von Cölln dagegen behauptete, sie habe sich in Glogau die schönste Villa gekauft, diese mit dem Meublement ihres Berliner Palais aufs geschmackvollste eingerichtet und dort erlesene Tees und rauschende Feste gegeben. Für ihren Widersacher stellte offenbar einen Makel auch der Genuss dar, den ihre Gäste, zu denen er nicht zählte, in der Bewirtung fanden. Über einen solchen Vorwurf konnte sich Wilhelmine nur freuen, denn: »so viel ich weiß, gibt ein Wirt oder eine Wirtin den Wein bloß darum, damit er schmecke«, findet sie wie eine ordentliche Gastgeberin, »und schlimm genug, wenn er nicht schmeckt!« Zu dieser Zeit hielt sich ein Schauspieler und Sänger namens Fontano in Glogau auf, gab öffentliche Konzerte und machte von sich reden, da man ihn, eine schwarzlockige Schönheit, für einen Italiener hielt. Sein Publikum verstand er temperamentvoll mit einer guten Stimme und virtuosem Gitarrenspiel zu unterhalten. Durch den Baron von Fink, einen verarmten Gutsbesitzer, der sich in der Umgebung niedergelassen hatte, der Gräfin Lichtenau vorgestellt, wurde Fontano bald ihr treuester Gast – und ihr Freund. In Wirklichkeit hieß Fontano Franz von Holbein, er versuchte sich auch als Theaterschriftsteller, sein »Fridolin«, ein Lustspiel mit verwickelter Handlung, wurde gerade in Breslau und anderen Orten mit mäßigem Erfolg gespielt.

Holbein stammte aus besseren Verhältnissen, sein Großvater war k.u.k. Wirklicher Geheimer Rat und Direktor der Lottogesellschaft in Wien, sein Onkel Gouverneur in Mähren. Abenteuergeist trieb ihn von zu Hause fort und führte ihn als reisenden Musiker bis nach Petersburg und zuletzt an das Döbbelinsche Theater in Posen. Unternehmungslust hatte immer schon Wilhelmines Neugier erregt, und ein Leben in fremden Städten auch. Holbein umschwärmte »La dama«, die Aufmerksamkeit der einstigen Geliebten des Königs von Preußen schmeichelte dem jungen Schriftsteller. Befand er sich doch, trotz seines jüngsten Erfolgs auf der Bühne, erst auf dem Weg nach oben. Wilhelmine aber hatte nun drei Jahre allein in ihrem Haus zugebracht, und der junge Mann gefiel ihr. An eine Heirat war jedoch nicht zu denken, denn als Staatsgefangene war ihr ein solcher Bund untersagt. Nun wandte sie sich mit einem Schreiben an den König, bat ihn um die Erlaubnis, heiraten zu dürfen – und nach bereits dreijähriger Verbannung um ihre Freiheit. Friedrich Wilhelm III. entsprach ihren Bitten unter der Bedingung, dass sie auf alle weiteren Ansprüche verzichte. Dafür wurde ihr die Pension von 4000 Talern auf Lebensdauer zugesichert. Sie willigte ein und siedelte nach Breslau über, wo sie den so genannten Bischofsgarten vor dem Ohlauer Tor bezog. Am 3. Mai 1802 heiratete sie Franz von Holbein mit priesterlichem Segen. Wilhelmine stand vor ihrem fünfzigsten Geburtstag, Holbein war vierundzwanzig.

So wechselte Wilhelmine zum dritten Mal ihren Namen und die Rolle, die sie nun spielen würde. Zunächst schien die Ehe glücklich zu sein. Holbein arbeitete an einem neuen Stück, »Tyrannen von

Syrakus«, und als ihm auch dies einen kleinen Erfolg bescherte, war er bereit, sich für Friedrich Schiller zu halten. Außerdem verfiel er auf Erfindung eines neuen musikalischen Instruments, Uranikon, woran er bis in die Nächte arbeitete und sich in große Ausgaben stürzte. Wilhelmine duldete einstweilen seine Launen, verkaufte Silberzeug, Terrinen und Leuchter, um ihm eine Reise nach Paris zu finanzieren. Nach mehrmonatiger Abwesenheit und einem höchst kargen Briefwechsel kehrte er krank zurück, worauf sie ihn mit Sorgfalt pflegte. Da schon sollte sich herausstellen, dass der Mann an ihrer Seite sich zwar als Abenteurer gab, in Wahrheit aber ein auf seinen Vorteil bedachter Kleingeist war. Doch Wilhelmine verschloss die Augen, ein zweites Mal sollte ihre Menschenkenntnis, die sie so lange vor falschen Entscheidungen bewahrt hatte, im Stich lassen. Bei Nacht und Nebel reiste Holbein 1805 aus Breslau ab, um in Wien die Aufführung seines dritten Stückes vorzubereiten. Prompt ging er dort mit der gefeierten Hofschauspielerin, Madame Rose, die in der Titelrolle der Mirina seiner »Königin der Amazonen« zum Durchbruch verhalf, eine Beziehung ein. Holbein hatte auch hier wieder für sein Fortkommen gesorgt.

Am 31. Januar 1806 beschloss Wilhelmine sich scheiden zu lassen, was erst 1810 vom Berliner Kammergericht bestätigt wurde.

Inzwischen rüstete man sich zu einem neuen Krieg. Napoleons Armee rückte bedrohlich schnell auf Preußen zu. Bereits der 10. Oktober 1806 brachte die Schreckensbotschaft der verlorenen Schlacht bei Saalfeld. Prinz Louis Ferdinand, den Wilhelmine einmal als ihren geistigen Vetter bezeichnete, der Frauenliebling und Halbgott des Heeres, hatte sich, um der Schande zu entgehen, selbstmörderisch, wie es heißt, in die Feindeslinien gestürzt. Dann, mit der katastrophalen Niederlage bei Jena und Auerstedt, vier Tage später, war das Unglück besiegelt, Preußen verlor die Hälfte seines Gebiets, damit vorübergehend seine Rolle als europäische Großmacht, stand jahrelang unter französischer Besatzung und musste hohe Kriegsentschädigungen leisten.

Wilhelmine packte ihre Koffer und floh vor den Kriegswirren nach Wien. Auf offener Straße wurde sie dort von einem Ausländer tätlich angefallen und aufs Schimpflichste beleidigt, Schuld an der

Schmach des verlorenen Krieges trügen sie und der verstorbene König von Preußen. Die Polizei musste eingreifen, um sie in Sicherheit zu bringen. Spätestens da reifte in ihr der Entschluss zu ihrer öffentlichen Verteidigung.

So kehrte sie nach dem Frieden von Tilsit 1807 nach Breslau zurück, um ihre Apologie zu verfassen, die natürlich noch einmal für großes Aufsehen sorgte. Dann wurde es stiller um Wilhelmine. Doch sie ruhte nicht, bevor ihr nicht auch in materieller Hinsicht Recht widerfuhr. Hilfesuchend wandte sie sich an den neuen Machthaber, an Napoleon persönlich. Und tatsächlich, der Kaiser der Franzosen verwendete sich für die berühmte Gräfin und verlangte von der Krone Preußens eine Entschädigung für die ihr entzogenen Güter und Gelder, auch wenn er damit möglicherweise nur die Taktik verfolgte, sich im besiegten Land Freunde zu machen, um diejenigen, die seine Feinde blieben, um so mehr zu demütigen. So soll Napoleon gegenüber Friedrich Wilhelm III., als der sich über den Gebietsverlust seines Landes beklagte, geäußert haben, dass er sich eigentlich glücklich schätzen könne, denn er habe doch mehr als die Hälfte seines Landes behalten, die Gräfin Lichtenau dagegen nichts.

Als Wilhelmine bald darauf ihre Güter Lichtenau und Breitenwerder zurückbekam, reiste sie 1811 nach Paris, um ihre Tochter Marianne zu besuchen, aber auch um dem französischen Kaiser, der sie in St. Cloud zu einer Audienz empfing, für dessen Unterstützung zu danken. In Paris blieb sie ein knappes Jahr, mietete ein Haus, empfing Besuche und sammelte wieder einen kleinen Kreis um sich. Der einundzwanzigjährige Wilhelm Dorow gesellte sich zeitweilig dazu, ein gewandter junger Mann, der später als preußischer Hofrat in die Dienste von Hardenbergs trat und ein bekannter Archäologe werden sollte. »Diese interessante ... hochgebildete und ... sehr verkannte Frau«, schrieb er 1842 in seinen »Reminiszenzen ... über merkwürdige Männer und Frauen«, »gewann bei näherer Bekanntschaft mehr und mehr. Über die Zeit Friedrich Wilhelms II. blieb sie verschwiegen wie das Grab. Ein Zug tiefer Trauer, wahrhaften Schmerzes sprach aus ihren schönen Zügen, wenn auch nur die entfernteste Andeutung dahin gemacht wurde. Ihre Gestalt war reizend. Ihr Hals, ihr Nacken, ihr Gesicht erschienen noch wahrhaft jugendlich schön ...« Da ist die Gräfin Lichtenau beinahe sechzig Jahre, und der Chronist ohne jede Veranlassung ihr zu schmeicheln.

1812 kehrte sie nach Berlin zurück, wo unterdessen Friedrich Wilhelm III. sein Urteil aus dem Jahre 1798 überdacht hat: »Den Angelegenheiten der Gräfin von Lichtenau eine günstigere und ... ihren Wünschen angemessenere Wendung zu geben«, schrieb er am 25. Februar 1811 an den Geheimen Kabinettsrat Daniel Ludwig Albrecht, »scheint ... so gerecht als billig zu sein ... Oft schon hat es mich bekümmert, dass diese Angelegenheit durch einen Drang verdrießlicher Umstände zu leidenschaftlich behandelt worden ist und eigentlich, wie man sagt, übers Knie gebrochen ist.« Da scheint sein langjähriger und unausrottbarer Hass gegen die Freundin seines Vaters einer vorgezogenen Altersmilde gewichen zu sein. So besuchte er auch während eines Parisaufenthalts 1814 deren Tochter auf dem Todeslager und nahm auf ihre Bitte hin drei ihrer Kinder mit nach Berlin. Er ließ sie »gutmütig und großzügig, wie Prinzen erziehen« und sorgte dafür, dass sie im hohen Adel Preußens verheiratet wurden, mit dem Hause Königsmarck-Berlitt-Karnzow und von Winterfeldt.

Wilhelmine indes litt unter dem Zerwürfnis mit ihrer Tochter, die eine unglückliche Entwicklung genommen hatte. Schon am 9. April 1793 sah die besorgte Mutter sich veranlasst, über ihre damals dreizehnjährige, zu allerlei Kapricen neigende Tochter an Friedrich Wilhelm II. zu schreiben. »Nur so lange wünsche ich zu leben, bis unsere Tochter ehrlich und tugendhaft aus meinen Herde gekommen ist ... Ich will nun einmal, dass man nicht einen Schatten von Verdacht auf unserer Tochter ihre Aufführung einst werfen soll. Ich weiß, was ich mir habe durch meine Wildheit, den Schein nicht zu vermeiden, für Schaden getan! Ich war jung und wild und hatte keine Führer ... als Ihnen und Sie waren zu gut.« Ob auch Wilhelmine zu gut war? Marianne Gräfin von der Mark hat es jedenfalls in einem bewegten Leben bis zur Zechprellerei und anderen Straftaten gebracht. Ihre eigene Mutter hat sie in übelster Weise des Perlendiebstahls bezichtigt.

Sie war dreimal verheiratet, durch sie erscheinen die Gräfin Lichtenau und Friedrich Wilhelm II. als Stammeltern auf zahlreichen Ahnentafeln des deutschen Adels: Nach ihrer nur zweijährigen Ehe mit dem hoch verschuldeten Grafen Stolberg-Stolberg hatte Marianne zunächst den Polen Caspar von Miakowski, einen Neffen des Bischofs von Warschau zum Mann genommen, danach wählte sie den schönen französischen Obersten Thierry in Paris. Die Tochter aus der ersten Ehe heiratete 1819 ihren Onkel, den Bruder ihres Vaters, den Grafen Joseph Stolberg-Stolberg. Die Tochter aus der dritten Ehe wurde 1826 die Gemahlin des Halbbruders und zeitweiligen Spielkameraden ihrer Mutter, des Grafen Gustav Ingenheim, Sohn der Gräfin Ingenheim-Voss, der zum Wirklichen Geheimen Rat und Kammerherrn Friedrich Wilhelms III. aufgestiegen war. Bei Gelegenheit ihrer Vermählung erteilte der König dem Fräulein Thierry den Titel einer Gräfin Thierry de la Mark.

Wilhelmine verlebte ihre letzten Jahre in Berlin, in ihrem Haus Unter den Linden. Sie mied allen Glanz und blieb dem Hofzeremoniell wie allen lauten Festlichkeiten fürderhin fern. Ihre früheren Freunde hatten die preußische Hauptstadt verlassen. Dampmartin, der auf die Pension, die sie ihm aussetzte, verzichtete, war in seine Heimat nach Uzès zurückgekehrt, ihre Gesellschafterin Chappuis nach St. Saphorin bei Lausanne.

Am 9. Juni 1820 starb Wilhelmine Gräfin von Lichtenau in Berlin in ihrem achtundsechzigsten Lebensjahr. Sie hatte ihre Tochter Marianne um sechs Jahre überlebt, ihren königlichen Freund um dreiundzwanzig Jahre. Ihr Erbe war Friedrich Wilhelm Ritz, der Verwalter ihrer Güter und überlebende Sohn ihres Scheingemahls, Johann Friedrich Ritz. Ritz jr. starb im Jahre 1837.

Wilhelmine wurde in der St. Hedwigskirche in Berlin begraben und 1943 wegen der Bombenangriffe auf den St. Hedwigsfriedhof an der Liesenstraße umgebettet. Beim Bau der Berliner Mauer 1961 wurde ihr Grab zerstört.

Nichts als eine Plakette an der Friedhofsmauer erinnert heute an sie, die weitaus mehr war als Preußens einzige Mätresse von Rang.

Zeittafel

1744 Am 25. September wird Friedrich Wilhelm (II.) als erster Sohn von August Wilhelm (1722–1758), dem Bruder Friedrichs II., und Luise von Braunschweig (1722–1780) in Berlin geboren

1753 Am 19. Dezember wird Wilhelmine Encke als Tochter von Johann Elias Encke (1721–1769) und Marie Susanne Schnetzer in Dessau geboren

1756–1763 Siebenjähriger Krieg

1757 Niederlage bei Kolin, die angeblich August Wilhelm, der Vater Friedrich Wilhelms, verschuldet hat

1763 Familie Encke zieht von Dessau nach Berlin

1765 Friedrich Wilhelm heiratet am 14. Juli Elisabeth von Braunschweig-Wolfenbüttel (1746–1840), 1767 Geburt der Tochter Friederike, Scheidung 1769

Kronprinz Friedrich Wilhelm und Wilhelmine lernen sich näher kennen

1766 Familie Encke zieht von Berlin nach Potsdam

1768 Wilhelmine reist fünfzehnjährig für drei Monate nach Paris, anschließend Umzug nach Falkenhagen

1769 Friedrich Wilhelm heiratet am 14. Juli Friederike Luise von Hessen-Darmstadt (1751–1805), sie haben sieben Kinder, von denen eines früh stirbt. Der Thronfolger Friedrich Wilhelm (III.) wird am 3. August 1770 geboren

1770 Erste Fehlgeburt Wilhelmines, auch die 1774 und 1777 geborenen Kinder überleben nicht

1772 Erste Polnische Teilung zwischen Preußen, Österreich und Russland, Preußen erhält den Netzedistrikt und Westpreußen. Friedrich II. nennt sich nun »König von Preußen«

1778 Anerkennung Wilhelmines als Mätresse des Kronprinzen durch König Friedrich II., Wilhelmine zieht nach Charlottenburg

Bayerischer Erbfolgekrieg

1779 Am 4. Januar bringt Wilhelmine Alexander zur Welt (Graf von der Mark)

1780 Geburt der Tochter Marianne (Gräfin von der Mark) am 29. Februar

1781 Friedrich Wilhelm wird in den Rosenkreuzerorden aufgenommen

1782 Scheinheirat Wilhelmines mit Johann Ritz

1783 Im Januar Verbannung Wilhelmines nach Dessau. Totgeburt eines Sohnes von Ritz

Rückkehr Wilhelmines nach Charlottenburg Ende Mai

1785 Geburt des Sohnes Friedrich Wilhelm Ritz am 22. Mai

1786 Tod Friedrichs II. am 17. August; Friedrich Wilhelm II. wird König von Preußen

1787 Erwerb des Palais Unter den Linden Nr. 36 für Alexander Graf von der Mark sowie der Güter Lichtenau, Breitwerder, Roßwiese in der Neumark auch für Marianne Gräfin von der Mark

Friedrich Wilhelm II. heiratet morganatisch Julie von Voss, Gräfin Ingenheim

Tod Alexanders Graf von der Mark

1788 Umbau des kleinen Landhauses in Charlottenburg zum noblen Palais

1789 Tod der Gräfin Ingenheim

Revolution in Frankreich

1790 Morganatische Ehe Friedrich Wilhelms II. mit Sophie Gräfin von Dönhoff

Johann Gottfried Schadows Grabmal des Alexander Graf von der Mark wird im

Dezember über der Gruft in der Dorotheenstädtischen Kirche in Berlin aufgestellt

1790/91 Fertigstellung des Marmorpalais in Potsdam, Innenausstattung durch Wilhelmine

1792 Krieg gegen Frankreich, Niederlage der preußischen Koalitionstruppen gegen die französische Revolutionsarmee bei Valmy am 20. September

Zweite Teilung Polens – die Provinz Posen wird preußisch

1793 Hochzeit des Kronprinzen Friedrich Wilhelm (III.) mit Luise von Mecklenburg-Strelitz (1776–1810)

Friedrich Wilhelms II. letzte Liebe: Sophie von Bethmann-Metzler aus Frankfurt am Main

Der französische König Ludwig XVI. wird hingerichtet

1794 Bau des Pfaueninselschlösschens

1795 Dritte Teilung Polens – Neuschlesien und Warschau werden preußisch

Nach dem am 5. April in Basel geschlossenen Separatfrieden zwischen Preußen und Frankreich fallen die preußischen linksrheinischen Territorien an Frankreich

Am 13. Mai Abreise Wilhelmines nach Italien (bis Juni 1796); Bekanntschaft mit Lady Hamilton, Angelika Kauffmann, Alois Hirt, Lord Bristol, Chevalier de Saxe

1796 Wilhelmine Ritz wird am 28. April als Gräfin von Lichtenau in den Adelsstand erhoben

1796/1797 Umbau der Winterkammern im Neuen Flügel des Schlosses Charlottenburg; Erweiterung des Potsdamer Marmorpalais durch zwei Flügelbauten

1797 Wilhelmine zieht im Oktober ins Kavalierhaus im Neuen Garten; Tod Friedrich Wilhelms II. am 16. November im Marmorpalais in Potsdam

Inhaftierung der Gräfin Lichtenau auf Veranlassung des neuen Königs, Friedrich Wilhelms III.

1798 Prozess gegen die Gräfin Lichtenau, beschuldigt des Verrats von Staatsgeheimnissen, der unrechtmäßigen Bereicherung und der Schädigung des Königs; trotz richterlichen Freispruchs Verbannung nach Glogau

1802 Heirat Wilhelmines mit Franz von Holbein in Breslau

1806 Trennung von Franz von Holbein

Preußen erklärt Frankreich den Krieg, Niederlage der preußischen Armee bei Jena und Auerstedt am 14.Oktober, Napoleon besetzt Berlin

1807 Im Frieden von Tilsit verliert Preußen alle Gebiete westlich der Elbe und alle polnischen Gebiete

1808 Die »Apologie der Gräfin Lichtenau gegen die Beschuldigungen mehrerer Schriftsteller. Von ihr selbst entworfen nebst einer Auswahl von Briefen« erscheint als Verteidigungsschrift Wilhelmines

1809 Rückgabe der konfiszierten Güter an Wilhelmine durch Napoleon

1811 Zweite Parisreise Wilhelmines, Audienz bei Napoleon in St. Cloud

1812 Wilhelmine kehrt nach Berlin zurück, wohnt fortan in ihrem Haus Unter den Linden

1814 Die verbündeten Truppen Preußens, Russlands und Österreichs ziehen mit dem Zaren Alexander und Friedrich Wilhelm III. an der Spitze am 31. März in Paris ein

Tod der Tochter Marianne Gräfin von der Mark am 11. Juni

1820 Tod Wilhelmines, der Gräfin Lichtenau, in Berlin am 9. Juni

Personenregister

Literatur

Max Adler (Hrsg.), Memoiren der Gräfin Lichtenau. Ein Sittenbild vom Hofe der Hohenzollern. Dresden 1922

Apologie der Gräfin Lichtenau gegen die Beschuldigungen mehrerer Schriftsteller. Leipzig und Gera 1808

Paul Bailleu, Gräfin Wilhelmine Lichtenau, in: Allgemeine Deutsche Biographie, Band 18. Leipzig 1898, S. 534–536

Hans Branig, Aus den späteren Lebensjahren der Gräfin von Lichtenau, in: Jahrbuch für Brandenburgische Landesgeschichte 1955, S. 19–25

Carl Atzenbeck, Die deutsche Pompadour. Leben und Briefe der Gräfin von Lichtenau. Leipzig 1925

Wilhelm Bringmann, Preußen unter Friedrich Wilhelm II. (1786–1797). Frankfurt am Main 2001

Heinrich Dilly/Holger Zaunstöck (Hrsg.), Fürst Franz. Beiträge zu seiner Lebenswelt in Anhalt-Dessau 1740–1817. Halle 2005

Karl von Dittersdorf, Lebensbeschreibung. Leipzig 1940 (nach dem Erstdruck von 1801)

Thilo Eggeling, Die Sommerwohnung und die Winterkammern Friedrich Wilhelms II. im Schloss Charlottenburg, in: Friedrich Wilhelm II. und die Künste. Preußens Weg zum Klassizismus. Herausgegeben von der Stiftung Preußische Schlösser und Gärten, Ausstellungskatalog. Berlin 1997, S. 261–280

Ein solches Jahrhundert vergisst sich nicht mehr. Lieblingstexte aus dem 18. Jahrhundert. München 2000

Karin Feuerstein-Praßer, Die preußischen Königinnen. Regensburg 2000

Theodor Fontane, Wanderungen durch die Mark Brandenburg, Erster Teil. Die Grafschaft Ruppin. Frankfurt am Main/Berlin/Wien 1988

Theodor Fontane, Wanderungen durch die Mark Brandenburg, Dritter Teil. Havelland. Frankfurt am Main/Berlin/Wien 1984

Geheimes Staatsarchiv Preußischer Kulturbesitz/Brandenburg-Preußisches Hausarchiv, Rep. 48, Rep. 131, Rep. 192

Gregor Geismeier/Le Denhoff. Für eine Mätresse zu klug, in: Die Mark Brandenburg. Heft Nr. 43, Berlin 2001, S. 20–29

Wieland Giebel (Hrsg.), Neunundsechzig Jahre am Preußischen Hofe. Aus den Erinnerungen der Oberhofmeisterin Sophie Marie Gräfin von Voss. Nachdruck der fünften unveränderten Auflage von 1887. Berlin 2005

Bertold Adolf Haase-Faulenorth, Gräfin Lichtenau. Ein Schicksal zwischen den Zeiten. Berlin 1934

Ernst Heilborn, Zwischen zwei Revolutionen. Der Geist der Schinkelzeit (1789–1848). Berlin 1927

Eleanor Herman, Liebe im Schatten der Krone. Die Geschichte der königlichen Mätressen. Frankfurt am Main 2004

Hans Kania, Barbarina und Lichtenau. Aus Preußens galantem Jahrhundert. Berlin 1929

Frank-Lothar Kroll (Hrsg.), Preußens Herrscher. Von den ersten Hohenzollern bis Wilhelm II. München 2000

Friedrich Wilhelm II. und die Künste. Preußens Weg zum Klassizismus. Herausgegeben von der Stiftung Preußische Schlösser und Gärten, Ausstellungskatalog. Berlin 1997

Walter Leo, Preußen – mit dem Stock lieben. Berlin 1993

Hans Mackowski, Johann Gottfried Schadow. Jugend und Aufstieg 1764–1797. Berlin 1927

Monika Maron, Endmoränen. Frankfurt am Main 2002

Christian von Massenbach, Memoiren zur Geschichte der preußischen Staaten unter der Regierung Friedrich Wilhelms II. und Friedrich Wilhelms III. Amsterdam 1808

Peter Mast, Die Hohenzollern in Lebensbildern. Köln 1988

Hans-Joachim Neumann, Friedrich Wilhelm II. Preußen unter den Rosenkreuzern. Berlin 1997

Jean-Jacques Rousseau, Julie oder Die neue Heloïse. Briefe zweier Liebenden aus einer kleinen Stadt am Fuße der Alpen. Übersetzt von Johann Gottfried Gellius. München 1978

Michael Sailer, Die Potsdamer Parklandschaft, in: Gert Streidt/Peter Feierabend (Hrsg.), Preußen. Kunst und Architektur. Köln 1999, S. 336–347

Ders., Die Gestaltung des Neuen Gartens und der Pfaueninsel unter Friedrich Wilhelm II., in: Friedrich Wilhelm II. und die Künste. Preußens Weg zum Klassizismus. Herausgegeben von der Stiftung Preußische Schlösser und Gärten, Ausstellungskatalog. Berlin 1997. S. 451–459

Ernst von Salomon, Die schöne Wilhelmine. Hamburg 1965

Rudolf G. Schaarmann, Wilhelmine-Encke-Ritz. Von der preußischen Pompadour zur Gräfin Lichtenau, in: Die Mark Brandenburg. Heft 43, Berlin 2001, S.13–19

Adelheid Schendel/Burkhardt Göres/Michael Seiler, Die Pfaueninsel, in: Friedrich Wilhelm II. und die Künste. Preußens Weg zum Klassizismus. Herausgegeben von der Stiftung Preußische Schlösser und Gärten, Ausstellungskatalog. Berlin 1997, S. 448–451

Arthur Schurig, Das galante Preußen. Berlin und Leipzig 1910

Sonja Schnitzler (Hrsg.), Die Mätresse Wilhelmine. Spottschriften wider die schöne Gräfin Lichtenau. Berlin 1989

Katja Schöne/Michael Bischoff, Zwischen Porträt und Historie – das Bildnis der Gräfin Lichtenau von Angelika Kauffmann, in: Jahrbuch für Brandenburgische Landesgeschichte, Bd. 56. Berlin 2005, S. 195–202

Uwe Schulz, Madame de Pompadour oder die Liebe an der Macht. München 2004

Wolf Jobst Siedler, Auf der Pfaueninsel. Spaziergänge in Preußens Arkadien. Berlin 1987

Robert Springer, Die Gräfin Lichtenau. Berlin 1871

Eduard Vehse, Preußische Hofgeschichten. Eine intime Geschichte des Berliner Hofes in den Jahren 1786 bis 1797. München 1913

Henry Welschinger (Hrsg.), Mirabeau in Berlin als geheimer Agent der französischen Regierung 1786–1787. Leipzig 1900

Conrad Wiedemann, Das Stottern des Jupiterdiskurses. Ein genealogischer Versuch über die andere Klassik von Berlin (im Druck)

Clemens Alexander Wimmer/Johann Friedrich Ritz. Faktotum Friedrich Wilhelms II., in: Friedrich Wilhelm II. und die Künste. Preußens Weg zum Klassizismus. Herausgegeben von der Stiftung Preußische Schlösser und Gärten, Ausstellungskatalog. Berlin 1997, S. 34–40

Evelyn Zimmermann, Madame Ritz in Italien, in: Friedrich Wilhelm II. und die Künste. Preußens Weg zum Klassizismus. Herausgegeben von der Stiftung Preußische Schlösser und Gärten, Ausstellungskatalog. Berlin 1997, S. 347–357

Evelyn Zimmermann/Gerd Bartoschek, Die Kunstankäufe der Gräfin Lichtenau, in: Friedrich Wilhelm II. und die Künste. Preußens Weg zum Klassizismus. Herausgegeben von der Stiftung Preußische Schlösser und Gärten, Ausstellungskatalog. Berlin 1997, S. 340–347

Die Zitate aus den Briefen Wilhelmine Enckes und Friedrich Wilhelms II. wurden in einigen Fällen um des besseren Verständnisses willen der heutigen Schreibweise behutsam angeglichen.

Bildnachweis

akg-images 44

bpk, Bildarchiv Preußischer Kulturbesitz 15, 22, 31, 34, 37, 59, 78, 109 (Besitzer: Stadtmuseum Berlin), 113, 125, 165, 166, 170

Nicolai Verlag, Archiv 81, 153

Stadtmuseum Berlin, Besitzer: Stadtmuseum Berlin 58

SPSG, Stiftung Preußische Schlösser und Gärten Berlin-Brandenburg 137, 139 r.
Fotograf: Jörg. P. Anders 108, 145
Fotograf: Roland Handrick 13, 50, 51, 72, 91, 96, 139 l., 159, Umschlag hinten
Fotograf: Lepkowski 143
Fotograf: Wolfgang Pfauder 23
Fotograf: Leo Seidel 61

Abbildung auf dem Umschlag vorne:
Stiftung Kunstmuseum Moritzburg des Landes Sachsen-Anhalt, Halle
Unter Zustimmung von Jost Christian Fürst zu Stolberg-Stolberg

Lektorat: Antonia Meiners, Berlin
Reproduktionen: PPP, Köln
Druck und Bindung: B.O.S.S Druck und Medien GmbH, Kleve

Printed in Germany
ISBN 10: 3-89479-187-X
ISBN 13: 978-3-89479-187-2